CHARLIE HEBDO

LA REPRISE TRANQUILLE

Dépôt légal : octobre 2014
Imprimé en France chez Clerc
Numéro d'édition : 68
Collection Charlie Hebdo
ISBN : 978-2-35766-079-3

CHARLIE HEBDO

LA REPRISE TRANQUILLE

PRÉFACE
BERNARD MARIS

LES ÉCHAPPÉS

LA REPRISE TRANQUILLE

Pendant les travaux, non, pardon, pendant le chômage, le spectacle continue. Chômeurs, vous avez eu tout le temps de regarder la Coupe du monde de foot, veinards ! Des milliardaires poussent un petit ballon et jouent le simulacre de la petite guerre. France-Allemagne ! Sedan s'appelle Rio de Janeiro. Un coup de zappette, amis chômeurs… et vous contemplez le Bad Godesberg du PS qui devient « social-libéral » par la bouche et la chemise mouillée du Premier ministre, Manuel Valls. Fini la lutte des classes, les pauvres et les riches, les nantis et les autres ; les entrepreneurs vont vous créer des emplois : il suffit de baisser les salaires de ceux qui bossent, de fluidifier le marché du travail et de vous donner moins d'indemnités pour vous obliger à couper la télé et à chercher un boulot. Sachant qu'il faut toujours remettre au lendemain ce qu'on peut faire aujourd'hui, sers-moi un canon…

Ah ! Gaza. Oui, ça tombe dru sur les Palestiniens, sans doute 2 000 morts, comment font-ils pour regarder la télé au milieu de tous ces gravats ? Mieux vaut chômer à Paris qu'à Gaza, c'est sûr. On change de chaîne… Merde ! La Syrie ! Là aussi, ça tombe dru. Oh… Vous avez vu le type en orange à genoux ? On dirait qu'on lui coupe la tête… Mais oui ! On lui coupe la tête ! Quand on voit toutes les têtes qui pourraient tomber en France… Tenez : ces petits morveux de l'UMP qui ont trempé dans les fausses factures et les comptes truqués de l'UMP… Ils sont toujours là, à frétiller autour de Bruno Le Maire ! Et ce vieux type au crâne chauve qui installait son fiston dans un appart de la République, comment s'appelle-t-il, déjà ? Juppé, voilà, Juppé ! Eh bien, il est toujours là, lui aussi, il paraît même qu'il candidate aux primaires de la présidence de la République… Et notre Hollande tout joli ! L'est pas mimi sous son casque ?

Chômeurs, vous n'allez pas voter Le Pen, tout de même ? Vous n'allez pas voter nuisible ? Il faut voter utile ! Vous qui êtes inutiles, chômeurs, regardez toutes ces trognes utiles pour vous et pour la société française, tous ces ministres, ces opposants, ces commentateurs, ces stars du foot, des médias ou d'ailleurs, contemplez tous ces personnages qui vous veulent du bien, et qui en général veulent le bien : regardez ce qu'en font les dessinateurs de *Charlie.* Un dessin est une radiographie. Un portrait ou un dessin de *Charlie* vous révèlent une âme noire comme du charbon, des tripes nouées, des fesses serrées, des mensonges rentrés, des peurs inavouées. Regardez comme ces puissants sont impuissants…

En 2014, c'est la reprise tranquille du chômage, de l'absence d'horizon, la reprise des mensonges, des trucages, la valse des faux-culs, la reprise éternelle des médias où paradent les puissants, mais c'est tellement gai de les voir tous, à poil, dénudés par les dessinateurs de *Charlie.* Soyez vengés, tous qui méritez de l'être.

Bernard Maris

LE FLANBY
TRANQUILLE

FAUT-IL INTERVENIR À MARSEILLE ?
J'ATTENDS LE FEU VERT D'OBAMA
LUZ

IL ABAT UN VOYOU DANS LA COUR DE L'ÉLYSÉE
+60 POINTS DANS LES SONDAGES
RISS

DSK SORT UN LIVRE CONTRE LA MONDIALISATION
C'EST LA TURLUTTE FINAAAAAALE !
RISS

HOLLANDE AUSSI BAS DANS LES SONDAGES QUE MITTERRAND
ATTENDEZ, JE N'AI PAS ENCORE DE CANCER DE LA PROSTATE.
RISS

LES RAVAGES DU MODÈLE ALLEMAND
CHARB.

SYRIE
LE GÉNÉRAL PANPAN-CUCUL À LA MANŒUVRE
TOUS LES 100 000 MORTS, JE PUNIS !
CHARB.

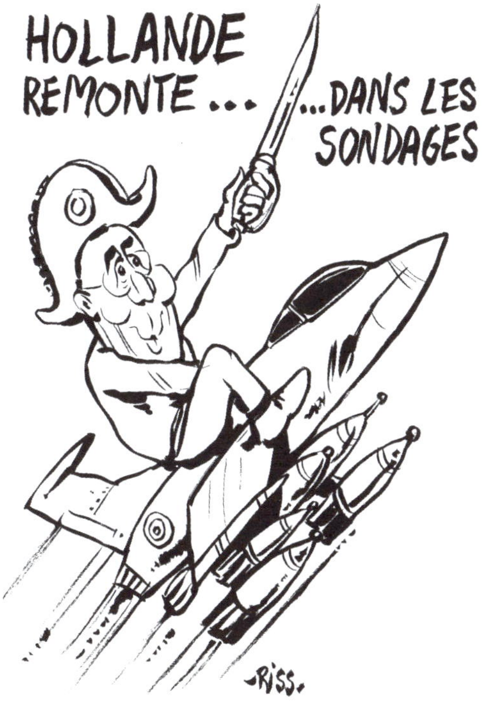
HOLLANDE REMONTE...
...DANS LES SONDAGES
RISS.

EXPULSONS VALLS À L'UMP OU AU FN
LUZ

UN GOUVERNEMENT DE GAUCHE ?
DISONS DE COHABITATION
CHARB.

BOUFFEZ DU ROM
ET EN PLUS, IL ME VOLE MON COUTEAU !
LUZ

HOLLANDE AUTORISE LA MAIN DROITE DE LEONARDA À VENIR ÉTUDIER EN FRANCE
-RISS-

NON À LA MANUELISATION DES ESPRITS
LE PROBLÈME ROM
FN
LUZ

LEONARDA, PREMIÈRE DAME DE FRANCE...
MAIS SANS SA FAMILLE !
TA GUEULE !
CHARB.

VALLS VEUT LA FERMETURE DÉFINITIVE DES MAGASINS DE BRICOLAGE ROMS
CATHERINE

LEONARDA
HOLLANDE HÉSITE À BOMBARDER ENCORE LE KOSOVO
RISS.

À MORT, LA SORCIÈRE !
LUZ

HOLLANDE DÉPRIMÉ
LES FRANÇAIS NE M'ÉCOUTENT PAS ...
TU SAIS, LA NSA NON PLUS ...
CHARB

HONORÉ
HOLLANDE 21% DE SATISFAITS
Moi, Président le plus impopulaire de la Ve République, je continuerai à ...

GALETTE COMPLÈTE
JAMBON
OEUF
FROMAGE
LUZ

LES TONTONS FLINGUÉS
LES SOCIALISTES, ÇA N'OSE RIEN, C'EST À ÇA QU'ON LES RECONNAÎT ...
CHARB.

VA-T-IL RÉUSSIR À INVERSER LA COURBE DU CHÔMAGE ?
LUZ

QUENELLE PARTOUT
CROISSANCE NULLE PART
LUZ

EXCLUSIF
HOLLANDE A CONSERVÉ SA PROSTATE
cabu

RAPPORT SUR LE VOILE
FAUT-IL LAPIDER AYRAULT?
ÇA DÉTEND...
CHARB.

TRANSPARENCE TOTALE!
MIEUX QUE LES JOURNÉES DU PATRIMOINE!
VISITEZ LA PROSTATE DE HOLLANDE!
AH, OUAIS
AVEC MARINE, ÇA N'ARRIVERAIT PAS!
LES FRANÇAIS ONT LE DROIT DE SAVOIR!
CHARB.

RÉFORME FISCALE
CHARB.

ATTENTION, UN JOUR, ÇA VA PÉTER!
J'EN AI MARRE D'ENTENDRE DES CONNARDS BRAILLER DANS LES AVENUES: « HOLLANDE, DÉMISSION! »
ET MOI, TU CROIS QUE J'AI SUPPORTÉ D'ENTENDRE CETTE ORDURE DE CHRISTIAN JACOB DIRE: « VOUS ÊTES IMPUISSANT ET, OSONS LE DIRE, USÉ »?
RIEN QUE POUR FAIRE CHIER TOUS CES BOURGEOIS, CATHOS, DE DROITE, JE TE GARDERAI AVEC MOI AU GOUVERNEMENT.
MERCI, FRANÇOIS. D'AILLEURS JE NE TE VOIS PAS FAIRE ÉQUIPE AVEC VALLS OU AVEC MARTINE.
IL FAUT QU'ON LUTTE CONTRE LE TYPHON DES MOTS QUI RAVAGE LE SUFFRAGE UNIVERSEL!
SI ÇA CONTINUE, UN JOUR, ÇA VA PÉTER, ET LA FRANCE SINISTRÉE VA PUER PIRE QU'AUX PHILIPPINES!
DEVANT CE DÉFERLEMENT DE HAINE, NOUS DEVONS GARDER NOTRE SANG-FROID. JE GARDE LE CAP! JE NE TE REMANIERAI PAS!
OUI, TU ME L'AS DÉJÀ DIT. IL EST ENCORE TEMPS D'AVOIR UN SURSAUT!
LES FRANÇAIS NE SE RENDENT PAS COMPTE DE LA CHANCE QU'ILS ONT DE VIVRE DANS LA DOUCE FRANCE. S'ILS CONTINUENT, LES VALEURS DE LA RÉPUBLIQUE VONT SOMBRER DANS L'ENFER ET LE CHAOS. C'EST POUR ÇA QUE, QUOI QU'IL ARRIVE, NOUS DEVONS RESTER SOUDÉS!
ÇA FAIT TROIS FOIS QUE TU ME LE DIS. JE COMMENCE À ÊTRE INQUIET.
WOLINSKI

BONNE ANNÉE!
ENCORE UNE PROMESSE QU'ON NE VA PAS TENIR!
TIGNOUS

HOLLANDE:
NOUVELLE POLITIQUE...
...NOUVELLE MEUF !
RISS

IL LUI A MIS UNE QUENELLE!
SI SEULEMENT IL EN ÉTAIT CAPABLE!
CHARB.

MOI, PRÉSIDENT ...
LUZ.

CHOC
DE SIMPLIFICATION
Closer
EXCLUSIF
FRANÇOIS HOLLANDE ET JULIE GAYET
L'AMOUR
SECRET DU PRÉSIDENT
CATHERINE

HOLLANDE TRAHI PAR SA BITE
IL M'A PIQUÉ MON PROGRAMME
Sofitel
LUZ

HOLLANDE INVERSE LA COURBE DU CHÔMAGE...
... DE LA PRESSE PEOPLE.
CLOSER
-RISS-

L'OFFRE
OU
LA
DEMANDE
cabu

HOLLANDE AU VATICAN
MADAME N'EST PAS VENUE ?
LA TIENNE NON PLUS, CONNARD
LUZ.

LA FRANCE SANS PREMIÈRE DAME
EN ATTENDANT, JE VOUS PRÉSENTE LA PREMIÈRE MAIN DE FRANCE !
KLEENEX
LUZ.

CASTING
ON CHERCHE LA 13e PREMIÈRE DAME DE FRANCE
CHARB.

LES RÉACS AVANCENT...
UN ENFANT, C'EST UN PAPA ET UNE MAMAN!
BIEN SÛR...
DES MOSQUÉES, PAS DES PÉDÉS!
D'ACCORD...
LE CODE DU TRAVAIL, TU TE LE PRENDS, TU TE LE ROULES ET TU TE LE METS PROFOND!
BIEN, BIEN...
JUSQU'OÙ RECULERA-T-IL ?
DES POGROMS POUR LES ROMS!
ÉVIDEMMENT!
LA POLLUTION, C'EST NOTRE TRADITION!
À VOS ORDRES!
AVORTER, C'EST UN CRIME CONTRE L'HUMANITÉ!
BIEN D'ACCORD!
LES RETRAITÉS, ÇA COÛTE CHER, UN CHARTER POUR LE CIMETIÈRE!
OUIIII!
RÉTABLISSEMENT DE LA PEINE DE MORT!
AFFIRMATIF!
LA NOUVELLE PREMIÈRE DAME, ON VEUT LA VOIR À POIL!
KAÏ! KAÏ!
CHARB.

TIENS, VOILÀ NOTRE-DAME-DES-CHIANTES
LUZ

PAS BESOIN D'AÉROPORT À NOTRE-DAME-DES-LANDES...
...SUFFIT D'ÉLARGIR LES PISTES DÉJÀ EXISTANTES
RISS

LA RÉPONSE DE DUFLOT À AYRAULT
JE SUIS MINISTRE, PAS HÔTESSE DE L'AIR!
CHARB.

AYRAULT CASSEUR D'ÉCOLOS
CATHERINE

ELLE SAVAIT QUE L'UMP ÉTAIT POURRIE!
Y AVAIT ENCORE QUELQU'UN QUI SAVAIT PAS?
CHARB.

FABIUS POUR LE GAZ DE SCHISTE
EN ROUTE POUR UNE NOUVELLE AFFAIRE DU SOL CONTAMINÉ !
CATHERINE

HOLLANDE EN AMÉRIQUE
C'EST VRAI QUE SES YEUX PUENT LE SEXE...
CHARB.

MONTEBOURG
POUR UN GAZ DE SCHISTE QUI DURE MILLE ANS !
CATHERINE

REMANIE-MOI !
JEAN-MARC, TU ES SYMPATHIQUE, TU AS DE L'ALLURE, DE L'EXPÉRIENCE, TU AS TOUTES LES QUALITÉS POUR DEVENIR LE PROCHAIN PRÉSIDENT DE LA RÉPUBLIQUE.
J'AI COMPRIS. TU VEUX ME REMANIER !
C'EST DANS NOTRE INTÉRÊT. PARTIR EN 2014, ÇA PERMET DE REVENIR EN 2017. SI TU RESTES, TU T'USES, TU DÉÇOIS, TU LASSES. SI TU PARS, TU RAJEUNIS, TU SURPRENDS. ON T'ATTEND AVEC IMPATIENCE...
ET QUI VAS-TU METTRE À MA PLACE ? BARTOLONE ?
BARTOLONE N'EST PAS SURPRENANT. S'IL DEVIENT PREMIER MINISTRE, ON TROUVERA ÇA NORMAL, JUSTIFIÉ, OPPORTUN... BANAL. J'AI UNE MEILLEURE IDÉE.
LAQUELLE ?
CE QUE LES FRANÇAIS ATTENDENT, C'EST QU'ON DÉFENDE L'INTÉRÊT GÉNÉRAL. GATTAZ A PROMIS UN MILLION D'EMPLOIS...
OH, NON, NON, NON ! TU ES FOU ! PAS GATTAZ, LE PATRON DES PATRONS, PREMIER MINISTRE D'UN GOUVERNEMENT SOCIALISTE, JE RÊVE !
LES FRANÇAIS EN ONT MARRE DE LA GAUCHE. ILS PRÉFÈRENT LE MEDEF AUX SOUS-CHEFS DU PS ET AUX CLOWNS DE L'UMP.
JE NE VEUX PAS VOIR ÇA. REMANIE-MOI LE PLUS VITE POSSIBLE !
WOLINSKI

SARKOZY
PREMIER
MINISTRE
Cabu

FIN DE LA
TRÊVE
HIVERNALE
MATIGNON

VALLS
REMPLACE
AYRAULT
DEHORS, LE ROM !
LUZ

REMANIER
POUR CHANGER
DE CAP !
UN COUP
À GAUCHE
UN COUP
À DROITE
LUZ

ÉCOLOGIE
DUFLOT REMPLACÉE PAR DU FLAN
LUZ

SI VOUS M'EMMERDEZ...
... JE LÂCHE EBOLA !

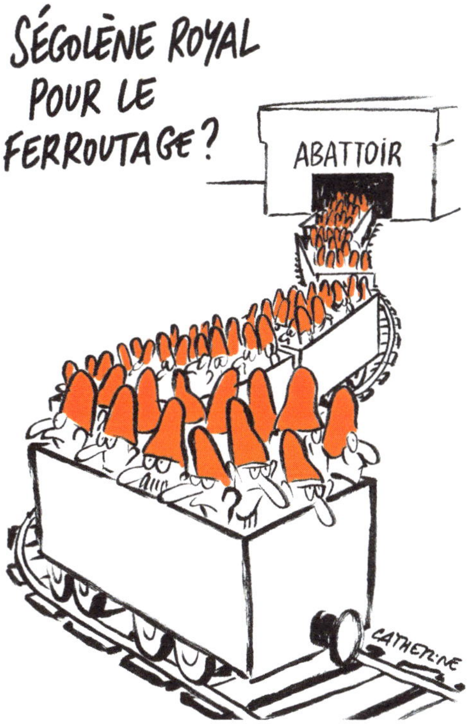
SÉGOLÈNE ROYAL POUR LE FERROUTAGE ?
ABATTOIR
CATHERINE

VALLS
PRÊT À TOUT POUR SÉDUIRE LA GAUCHE
RISS

Joyeuses Pâques
cabu

VALLS MARIÉ AVEC UNE VIOLONISTE
TANT QU'ELLE NE ME JOUE PAS DE LA MUSIQUE TSIGANE...
RISS

VALLS DONNE DES GAGES AUX ÉCOLOS
METTEZ DES ROMS DANS VOTRE COMPOST
LUZ

CHOC DE SIMPLIFICATION
JE PROMETS MOINS DE PAPERASSE
LUZ

REMANIEMENT
FRANÇOIS VALLS
PREMIER MINISTRE
MANUEL HOLLANDE
PRÉSIDENT
RISS

ALLÉGEMENT DES NORMES ADMINISTRATIVES
LUZ

LES FRANÇAIS PRIS EN OTAGES
JE VEUX UNE RANÇON DE 50 MILLIARDS !
CHARB.

QUI BOUFFERA L'AUTRE ?
cabu

HOLLANDE MENACÉ
SI TU N'AS PAS RÉDUIT LE CHÔMAGE EN 2017, JE TE LARGUE !
RISS

POURRA-T-ON ARRÊTER LE GO-FAST HOLLANDE ?
ET VROUM
LUZ

UN STRAUSS-KAHNIEN À LA TÊTE DU PS
JEAN-CHRISTOPHE, TA BRAGUETTE...
LUZ

HOLLANDE EST EN TRAIN DE NIQUER LES FRANÇAIS
JE N'Y CROIS PAS...
CHARB.

RESTRICTIONS DANS LES CABINETS MINISTÉRIELS
JE L'AI VU LE PREMIER !
ÉLOIGNE-TOI DE CE TROMBONE !
UN TROMBONE !?
CHARB.

POUR UNE ENTREPRISE ACHETÉE
Made in France
UN MONTEBOURG OFFERT
LUZ

Patriotisme économique.
VOUS N'AUREZ PAS L'ALSTOM ET LA LORRAINE !
TIGNOUS

"LE RETOURNEMENT ÉCONOMIQUE ARRIVE"
LUZ

LE RETOURNEMENT ÉCONOMIQUE ARRIVE
LE RETOURNEMENT DE VESTE, C'EST FAIT...
CHARB.

RÉVOLUTION DE PALAIS
MOI AUSSI, JE SUIS UN APPRENTI. UN "APPRENTI PRÉSIDENT."
OUI, MAIS MOI, JE CHERCHE UN EMPLOYEUR
LA FRANCE EST UN PAYS D'APPRENTIS ET DE RETRAITÉS. J'AI RATÉ MON APPRENTISSAGE À L'ÉLYSÉE, MAIS VOUS N'AVEZ PAS RATÉ VOTRE RETRAITE À MARRAKECH.
LA RETRAITE, MONSIEUR LE PRÉSIDENT, C'EST LA DERNIÈRE OCCASION POUR REBONDIR !
EN CE QUI CONCERNE LES FEMMES JE N'AI JAMAIS SU APPRÉCIER LA GRAVITÉ DE LA CRISE.
PAUVRE TYPE !
MAMAN, QUAND JE SERAI GRAND, JE VEUX DEVENIR PRÉSIDENT DE LA RÉPUBLIQUE !
PASSE TON BAC D'ABORD !
ELLE
WOLINSKI

ENFIN UNE SOLUTION POUR REMPLACER L'ÉCOTAXE
UN ÉCOLO PAR CAMION
RISS

VALLS PRÉSERVE LE BUDGET DE L'ARMÉE
Sivoplé
COCO

GRÈVE DES ÉBOUEURS
SI MÊME MON CHAUFFEUR ME LÂCHE...
LUZ

LE DROIT À L'OUBLI SUR INTERNET
MON PROGRAMME ÉLECTORAL DE GAUCHE ? QUEL PROGRAMME ÉLECTORAL DE GAUCHE ?
RISS

FAUT-IL SAUVER LE SOLDAT HOLLANDE ?
RISS

AL-ASSAD 88,7%
AL-SISSI 93,3%
AL-LANDE 3%
LE RIDICULE NE TUE PAS, LES DICTATURES SI !
CHARB.

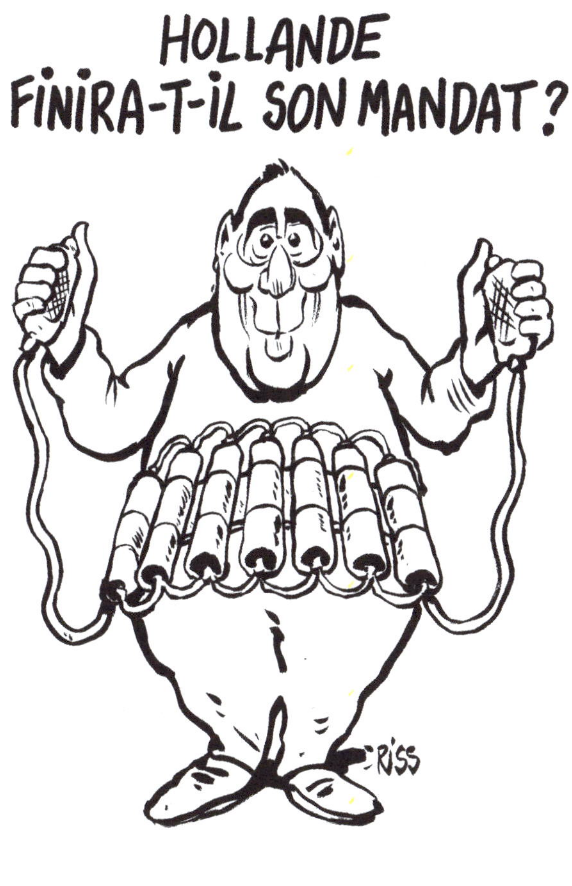
HOLLANDE FINIRA-T-IL SON MANDAT ?
RISS

L'EUROPE, C'EST LA PAIX
TA GUEULE, LA GUERRE C'EST PLUS MARRANT !
cabu

LE FILS CACHÉ DE MITTERRAND EST SUÉDOIS
ET LA GAUCHE EST DEVENUE UN VIEUX MEUBLE IKEA...
IKEA
LUZ

REPRISE
CHÔMAGE
COLLISION SNCF
CRASH AH 5017
Grâce à Hollande...
LA FRANCE FAIT SON DEUIL

Hollande commémore le débarquement de Provence sur le Charles-de-Gaulle.
Un jour, il y aura un porte-avions à mon nom... sans déconner !

CRASH D'AVION
LA LOI DES SÉRIES
LUZ

POURQUOI JAURÈS NE REVIENT-IL PAS ?
PARCE QUE HOLLANDE M'A PROPOSÉ D'ÊTRE SECRÉTAIRE D'ÉTAT AUX ANCIENS COMBATTANTS ...
CHARB.

La cote de Hollande remonte de deux points
HONORÉ
Please. Trouvez-moi d'autres commémorations! Isn't it ?

HOLLANDE PENSE À LA RENTRÉE
LE PROBLÈME DE LA FRANCE, C'EST QU'IL FAUDRAIT TOUT SIMPLIFIER, MAIS QU'ON NE PEUT RIEN SIMPLIFIER PARCE QUE C'EST TROP COMPLIQUÉ DE SIMPLIFIER. JULIE, TU FÊTES MON ANNIVERSAIRE AVEC MES ENFANTS?
OH, NON, FRANÇOIS. JE NE SUIS PAS SÛRE QUE CELA LEUR FASSE PLAISIR.
EN TOUT CAS, MERCI D'AVOIR FAIT LA LESSIVE, MA CHÉRIE.
CE N'EST PAS UN ÉTÉ FACILE. MÊME ATTALI, LE LÈCHE-CUL DE MITTERRAND, CRITIQUE MON IMMOBILISME. COMMENT RÉFORMER UN PAYS OÙ LES VRAIES RÉFORMES SONT IMPOPULAIRES? IL NE ME RESTE QUE DEUX ANS ET DEMI POUR SORTIR LA FRANCE DE LA MERDE!
DEUX ANS ET DEMI, C'EST PEU!
IMPOSER LES BAS REVENUS ET DIMINUER LA PRESSION FISCALE SUR LES CONTRIBUABLES AISÉS, SINON ILS PARTENT À L'ÉTRANGER, COMME CLAVIER...
JE SAIS, CE N'EST PAS BIEN, MAIS ÇA PERMET D'AVANCER.
AVANCER, C'EST POPULAIRE! TIENS, JE VAIS APPELER ERDOGAN POUR LE FÉLICITER DE SA VICTOIRE AUX ÉLECTIONS.
ALLO, TAYYIP, C'EST HOLLANDE. FÉLICITATIONS! 52% DES VOIX AUX ÉLECTIONS, CHER PRÉSIDENT, C'EST FORMIDABLE! COMMENT FAITES-VOUS POUR ÊTRE AUSSI POPULAIRE? AH! VOUS AVEZ DIEU AVEC VOUS. ÉVIDEMMENT, ÇA AIDE!
WOLINSKI

C'est la rentrée !
FAÇON DE PARLER !
TiGNOUS

LE SCANDALE DU REMANIEMENT !
IL PARAÎT QU'IL RESTE DES SOCIALISTES AU GOUVERNEMENT…
CHARB.

Matignon outragé !
Matignon brisé !
Matignon martyrisé !
Mais Matignon libéré…
HONORÉ

Remaniement
DOIT-ON MONTRER CES IMAGES ?
cabu

RETOUR DE VACANCES
FAUT ARROSER LES GÉRANIUMS.
RISS.

ACHETONS FRANÇAIS
JETONS
LUZ

ÉPURATION ETHNIQUE
Mort aux socialos
HOLLANDE AKBA
CHARB.

FILIPPETTI VIRÉE
J'ESPÈRE QUE J'AURAI LE STATUT D'INTERMITTENT DU SPECTACLE GOUVERNEMENTAL.
LUZ

Remaniement : L'UMP et le FN réclament une dissolution.
EH, Y A PAS MARQUÉ CHIRAC !
TIGNOUS

HOLLANDE À LA PLAGE
LUZ.

LA RÉCESSION
TRANQUILLE

BONNETS ROUGES
ALLEZ-VOUS RENONCER À L'ÉCOTAXE ?
"L'ÉCOCORICO" C'EST MIEUX !
L'ÉCOTAXE EST UNE BONNE RÉFORME. MAIS ÇA VA PRENDRE DU TEMPS.
NOUS RECULONS. PARCE QUE ALLER DE L'AVANT C'EST PARFOIS REVENIR EN ARRIÈRE.
NOUS PRÉFÉRONS AVOIR TORT AVEC LA GAUCHE PARCE QUE LA GAUCHE A RAISON D'AVOIR TORT, ALORS QUE LA DROITE A TOUJOURS TORT D'AVOIR RAISON...
J'AI DÉCIDÉ DE RESTER AU LIT POUR POUVOIR RÉFLÉCHIR TRANQUILLEMENT À LA COMPLEXITÉ DES PROBLÈMES QUI PRÉOCCUPENT L'OPINION. LA PAUVRE NE SAIT PLUS OÙ ELLE EN EST. L'OPINION ME TROUVE PAS CLAIR. MAIS C'EST LA SITUATION QUI N'EST PAS CLAIRE, CAR L'AVENIR EST SANS LENDEMAIN. QUE VOULEZ-VOUS FAIRE LORSQUE LA SOLUTION, C'EST PORTER UN BONNET ROUGE POUR MARQUER NOTRE SOLIDARITÉ AVEC CEUX QUI NE SONT PAS D'ACCORD AVEC NOUS. IL FAUT SE MÉFIER DES DÉCIDEURS. ILS SONT DANGEREUX. C'EST EUX LES RESPONSABLES DES GUERRES MEURTRIÈRES, DES CATASTROPHES NUCLÉAIRES, DES CAMPS DE LA MORT ! HITLER DÉCIDAIT, STALINE DÉCIDAIT, MAO DÉCIDAIT. MOI, JE DÉCIDE DE PRENDRE MON TEMPS. N'EST-CE PAS, JEAN-MARC ?
FRANÇOIS. N'ESSAIE PAS DE M'INSTRUMENTALISER ! MON RAS-LE-BOL DÉPASSE LE RAS-LE-BOL DES FRANÇAIS. S'ILS VEULENT L'EXTRÊME DROITE AU POUVOIR. AVEC MARINE LE PEN, JE LEUR SOUHAITE DES LENDEMAINS QUI DÉCHANTENT AUX FRANÇAIS.
WOLINSKI

OUI À LA DESTRUCTION DES PORTIQUES DE LA HONTE !
CHARB.

GRÂCE AUX BONNETS ROUGES, LA PRODUCTION FRANÇAISE REPART !
CHARB.

LE CRI DE RÉVOLTE DES BRETONS
TOUCHE PAS À MON COCHON !
CHARB.

Écotaxe
Un nouveau portique détruit
ARRÊTE, ÇA, C'EST UN DOLMEN !
TIGNOUS

NOUVELLE MANIF DES BONNETS ROUGES
TOUCHE PAS À MA PUTE !
GAST !
CHARB.

Écotaxe :
1 paysan se suicide tous les 2 jours.
SUFFIT D'ÊTRE PATIENT !
TIGNOUS

AUX CHIOTTES...
...LES BONNETS ROUGES
RISS

2 MILLIARDS PO

R
LA BRETAGNE
"LE COMPTE N'Y EST PAS" CHRISTIAN TROADEC maire de Carhaix, "Le Monde", 04/12/13
AVEC LE PLAN D'AVENIR POUR LA BRETAGNE, ON A PU S'ACHETER UN SECOND SOLEIL...
MAIS ON N'A PAS ASSEZ POUR FILER UN DESSOUS-DE-TABLE À CHAQUE GOUTTE DE PLUIE
En Construction GALETTE SAUCISSE TRADE CENTER ouverture juin 2019
¡ BEURRE
ARRÊTEZ! C'EST PAS UN PORTIQUE DE SÉCURITÉ
KER HOLLYWOOD
C'EST MON STÉRILET EN PLATINE QUE J'AI COMMANDÉ SUR VAN CLEEF & ARPELS!
J'entends la Rolls, le Ruinart, et la Rolex
CÉLINE DION en concert à KER VEGAS
Armor Luxe
DANGER! TRANSPORT DE RONDS-POINTS
LANCEL
LANCEL
Poin
Festival Interceltique de LANCEL
Swiiif
LA BAGADE DE LOUBOUTIN
NOLWENN LEROY All stars
ELTON JOHN
GILLES SERVAT & ELVIS PRESLEY
THE ROLLING MENHIRS
JUSTIN CHOUCHEN
ENFIN DU CIDRE QUI FILE PAS LA CHIASSE!
C'EST DU CHAMPAGNE, ERWANN...
ALLEEEEZ
WOUAH! ELLE DÉCHIRE CETTE BLANCHE HERMINE!
CRÊPERIE
Galette caviar
Galette Homard
Galette Foie gras
Festival des VIEILLES CHARRUES FERRARU
montre Jacques CARTIER
KER CHRISTIAN
LACOSTE
MONSIEUR EST TROP BON
BZH
LUZ

Pour 50 milliards d'économies t'as plus rien !
LES SUGGESTIONS DU THINK TANK "CHARLIE" AU GOUVERNEMENT POUR CHASSER LE GASPI
Vider l'Assemblée
QUECHUA
Transformer le Sénat en maison de retraite. il suffit juste de retirer les objets contondants :
hop hop hop ! le mandat et les privilèges, c'est terminé !
Réduire les frais de bouche de l'Élysée : on peut tartiner son propre tarama sur son canapé
LE BUFFET EST OFFERT
PAR LE F.N.
Stopper les cérémonies. Fondre les médailles de la Légion d'Honneur pour préparer la future guerre mondiale
Un seul ministre / flic / militaire pour toute la France :
Supprimer les aides aux familles, celles qui sont détournées pour acheter des télés à écran plat. Vendre les enfants et accoucher directement de télés à écran plat
Poussez sans le rayer !
Virer le personnel des administrations. Laisser les clés des mairies aux bustes de Marianne
Supprimer les éléments de langage des communicants. Retour au langage des signes
Que faire des fonctionnaires ? Boucheurs du trou de la Sécu
Privilégier la médecine ambulatoire
Privilégier les médicaments génériques
SARKO
DO
VALLS
Hémorroïdes
Hémorroïdes
Supprimer les retraités
Plus Belle La Vie au Paradis
Fusionner Pôle Emploi avec LeBonCoin.fr
Détruire le Falcon présidentiel, qui a permis à Hollande d'aller voter à Tulle...
BOUM !
... et arrêter de voter, comme tout le monde.
CATHERINE

POSTES SUPPRIMÉS À LA REDOUTE
pôle emploi
POINT RELAIS
CATHERINE

LES PLOMBIÈRES UKRAINIENNES VEULENT ENTRER DANS L'EUROPE
C'EST COMBIEN POUR ME CHANGER UN JOINT DE ROBINET?
RISS.

CAPTAIN PÔLE EMPLOI
OBJECTIF 20 MILLIONS DE CHÔMEURS!
CHARB.

Mac Do soupçonné de 2,2 milliards d'évasion fiscale
Tiens, et ça, c'est du hamburger !
HONORÉ

STAGEMAN
UN STAGE RÉMUNÉRÉ? ET SI T'ALLAIS PLUTÔT TE FAIRE ENCULER!
MAIS... JE... JUSTEMENT...
CHARB.

BNP. PARIBAS DANS LA MERDE
ET SI ON FOUTAIT TOUT SUR LE DOS DE JÉRÔME KERVIEL !
CHARB.

Kerviel en prison.
IL CONTINUE SA MARCHE !
TIGNOUS

NOUVELLE BAISSE DU LIVRET A ?
LES BOURGEOIS ET LES PLOUTOCRATES PAIERONT !
CHARB.

70 ANS APRÈS, LE JOUR J PERDRAIT SES TROIS « A »
TROP D'EMPLOIS-JEUNES SUBVENTIONNÉS
TROP DE FONCTIONNAIRES
TROP D'ARGENT PUBLIC JETÉ PAR LES FENÊTRES
TROP DE TRACASSERIES POUR INVESTIR EN FRANCE
TROP D'ASSISTANAT
INFIRMIER !
TROP DE SYNDICATS ACCROCHÉS À LEURS ACQUIS SOCIAUX
FO
CGT
CFDT
PAS ASSEZ DE MOBILITÉ
RISS

L'EFFET VINCENT LAMBERT
ON VEUT UN ACCOMPAGNEMENT DE FIN DE VIE POUR LES SALARIÉS !
MEDEF
LUZ

L'arrivée d'une blague en gare de la Ciotat (1895)
Si t'es trop large, t'as qu'à scier le quai !
HONORÉ

QUI PAIE SES DETTES…
…SE MET UN PEU PLUS DANS LA MERDE
TIGNOUS

LA FRANCE À VENDRE
ELYSÉE
ALSTOM
VOUS ME FAITES UN PRIX POUR LES DEUX.
RISS

PÉNIBILITÉ
PENDRE LES PATRONS FILE DES AMPOULES AUX MAINS.
CHARB.

La cour des comptes est satisfaite de la baisse des dépenses de l'Élysée
fig 1
Sous Sarkozy
CHEZ CARLA !
ALLEZ, ON SE DÉPÊCHE
Sous Hollande
HOP !
CHEZ JULIE !!
fig 2
Sarkozy dépensait une fortune en sondages
Sarkozy est le plus fort
Sarkozy est le plus beau
Sarkozy est le plus grand
Hollande se contente de lire le journal
HOLLANDE. Cote de popularité plus bas.
fig 3
les huissiers de l'Élysée
Bling bling sous Sarkozy, classique sous Hollande
tignous

POUR RELANCER LA CROISSANCE, SOYEZ COURAGEUX, MONSIEUR HOLLANDE
RÉTABLISSEZ LE STO EN ALLEMAGNE
RISS

LA REPRISE EST LÀ
OÙ ÇA ?
LÀ !
350€
CHARB.

POURQUOI ON NE PARLE PAS DE LA MONTÉE DU CHÔMAGE?
QU'ON ABATTE UN NOUVEL AVION!
DIABOLIQUE!
MALAYSIA AIRLINE
AIR ALGÉRIE
CHARB.

ZÉRO CROISSANCE
ON NE BOUGE PAS!
SAUVETEUR
cabu

VALLS INVITÉ PAR LE MEDEF
TOUCHE MA BOSSE ET LE CAC 40 REPARTIRA!
cabu

BILAN DES VACANCES!
CROISSANCE: 0
EBOLA: 1500
RISS

PIERRE GATTAZ
JE SOUHAITE LA VICTOIRE DU PÔLE EMPLOI
LUZ

LA MACHINE À PERDRE
TRANQUILLE

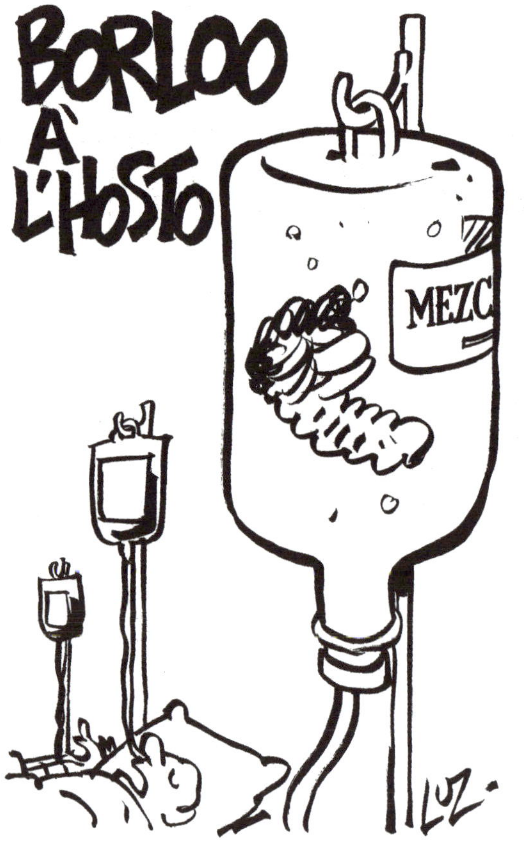
BORLOO À L'HOSTO
MEZC
LUZ.

Les amis de NICOLAS SARKOZY
BON, BEN MAINTENANT, Y A PLUS QU'À TROUVER DES AMIS.
LUZ.

EXHIBITIONNISME
CÉCILIA LIVRE SA VÉRITÉ
IL BAISAIT MIEUX LES ÉLECTEURS QUE SA FEMME...
CHARB.

LA DERNIÈRE VOLONTÉ DE JEAN-LOUIS BORLOO
ÊTRE ENTERRÉ AVEC MON ÉCOTAXE !..
FÉLIX

BOKO HARAM...
...SAUVE L'INSTITUTION DU MARIAGE!
CHARB.

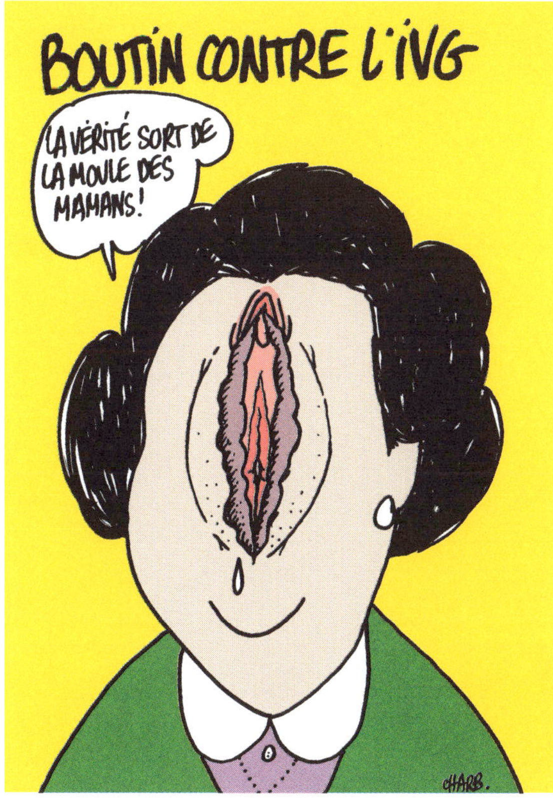
BOUTIN CONTRE L'IVG
LA VÉRITÉ SORT DE LA MOULE DES MAMANS!
CHARB.

GAUDIN PROCHAIN MAIRE DE MARSEILLE ?
SI LES MARSEILLAIS MÉRITAIENT MIEUX, ON LES APPELLERAIT DES PARISIENS
CHARB.

POURQUOI HOLLANDE N'A PAS EMMENÉ CHIRAC ?
J'VAIS TE CONSOLER, LA VEUVE !
MANDELA
cabu

NE RATEZ PAS MORANO..
... LA DINDE DE L'ANNÉE !
cabu

LES SCIENTIFIQUES INQUIETS
LA PLANÈTE POURRA-T-ELLE NOURRIR LES 7 MILLIARDS DE CANDIDATS À LA PRIMAIRE DE L'UMP ?
CHARB.

NKM SE VENGE DE BERNADETTE QUI AVAIT DIT DU BIEN DE XAVIÈRE ET DE HIDALGO !
ENTRE LES DEUX TOURS, TU LA FERMES, LA VIEILLE ! ...ET J'AI JETÉ LA CLÉ !
cabu

Multiplication des cambriolages
HONORÉ
– J'avais un beau canton de famille en Corrèze, ils l'ont découpé et emporté, ces malfaisants !

APRÈS MADAME SOLEIL,
CATHERINE
MADAME LUNE PRÉDIT LE RETOUR DE SARKOZY

2014
PARIS
¡il faut sauver la candidate NKM!
ÉNIGME DU PÈRE FOURAS
Quel est le prix d'un ticket de métro ?
PARIS
ÉPREUVE DES TIGRES DISSIDENTS
Charles Beigbeder
LA BOÎTE À SERPENTS
Sors! Sors!
entre! entre!
ÉPREUVE DU MÉTRO
ÉPREUVE DU CHIGNON DÉTACHÉ
LES MOMENTS DE GRÂCE DE LA LIGNE 13:
LA PIÈCE QUI RÉTRÉCIT
por la musiiiiiik
LE TAMBOURIN GLISSANT DE L'ENFANT ROM
ÉPREUVE DES "VRAIES GENS"
LANCER DES NAINS TIBERI
HAAAN!
ÉPREUVE DU BOULET
ECOMOUV
quelle est la meilleure photo pour mon affiche de campagne ?!?
WODOOOh c'est moi qui pose les énigmes cooonnasse
ÉPREUVE DU SAUT À L'ÉLASTIQUE
CATHERINE

QUELLE PARTICULE FINE POUR PARIS ?
NKM OU HIDALGO ?
RISS

NKM SE DISTINGUE
SILVOPLÉ ZÉLECTEURS POUR MANGER SILVOPLÉ
CATHERINE

OUF !
JE RETOURNE PAS DANS LE MÉTRO AVANT 6 ANS !
CHARB.

NKM EN PHOTO AVEC DES SDF
T'FAÇON, LA POLITIQUE, C'EST QUE DES ENFOIRÉS...
COMME AUX RESTOS DU COEUR !
CATHERINE

Y EN A-T-IL UN PLUS HONNÊTE QUE LUI !?
PLUS HONNÊTE, À L'UMP
CHARB.

LA TRANSPARENCE, J'AI TOUJOURS BAIGNÉ DÉDANS !
Cabu

COPÉ SUPERCONDRIAQUE?
NON, SUPERCON TOUT COURT
LUZ

LES MILITANTS UMP HEU-REUX !
ON A REMBOURSÉ LES 11 MILLIONS DE SARKOZY
CHARB.

LE SERPENT "MINUTE"
cabu

PREMIÈRE RENCONTRE
QUE VOUS SOYEZ FACHO, C'EST PAS UN DRAME! C'EST PAS COMME SI VOUS ENREGISTRERIEZ NOS CONVERSATIONS!
CHARB.

L'ÈRE DES OBSÉDÉS
DU SCOOTER
DU CUL
DU POUVOIR
DU DICTAPHONE
CATHERINE

JE N'AI RIEN FAIT, MON MAÎTRE!
CHARB.

BUISSON A GAGNÉ
FN
FN
cabu

C'EST LE PRINTEMPS, LES BOURGEONS D'EXTRÊME DROITE BOURGEONNENT
RISS

ON A LA POSTÉRITÉ QU'ON MÉRITE
J'AI LE CUL QUI ME GRATTE...
HÉ! HÉ! C'EST DANS LA BOÎTE!
CHARB.

BUISSON-SARKOZY
C'ÉTAIT LE GRAND AMOUR
cabu

DES TÉLÉPHONES SÉCURISÉS POUR LES AVOCATS, VITE !
TA GUEULE... JE RÉPÈTE : TA GUEULE...
CHARB.

BUISSON A ÉTÉ DÉCORÉ PAR SARKOZY !
ATTENTION À MON ENREGISTREUR !
cabu

SARKOZY :
J'AI CHANGÉ.
RISS

ET S'IL REVENAIT QUAND MÊME...
CHARB.

L'ENFER MUNICIPAL
FHAINE
REMANIER POUR QUE LA FRANCE NE DEVIENNE PAS UN ENFER DE DROITE. EST-CE VRAIMENT LA SOLUTION ?
SI NOUS VOULONS QUE LA FRANCE DEMEURE UN PARADIS DE GAUCHE, SURTOUT NE BOUGEONS PAS !
HÉNIN BEAUMONT
LE NOTABLE DE DROITE
FASCINÉ DEPUIS MA JEUNESSE PAR LES DESSINS DE GUSTAVE DORÉ, J'AI VISITÉ, EXTASIÉ, L'EXPOSITION QUI LUI EST CONSACRÉE AU MUSÉE D'ORSAY. ET JE ME SUIS INSPIRÉ DE "L'ENFER" DE DANTE POUR ILLUSTRER LES TOURMENTS DE LA GAUCHE FACE AUX DÉMONS DE L'EXTRÊME DROITE.
WOLINSKI

Sarkozy n'en finit pas de revenir.
NOUS, CE QU'ON VOUDRAIT, C'EST SURTOUT LE GARDER !
PALAIS DE JUSTICE
TIGNOUS

UN PAPA réac
UNE MAMAN facho
FN
cabu

COPÉ-LE PEN
UN SOURIRE POUR DEUX
LUZ

« JE N'AI JAMAIS DEMANDÉ À ÊTRE AU-DESSUS DES LOIS »
CATHERINE

C'EST DANS MON AGENDA…
L'AGENDA DE SARKOZY.
MARS AVRIL 2014
LUNDI
8- AFFICHER UN GRAND
9- SOURIRE.
10- PRENDRE UN BAIN
11- DE FOULE.
12- bâillonner la
13- justice.
14- acheter un
15- nouveau portable.
16- éviter les
17- JOURNALISTES.
18- ÉCOUTER
19- CARLA.
ALLÔ, COPÉ, ÇA Y EST! MON ÉQUIPE A RÉUSSI À PERSUADER LES FRANÇAIS QUE LE SEUL ESPOIR, C'EST MOI!
L'AGENDA DE COPÉ.
8- ÇA VA MAL
9- CLIMAT
10- PESTILENTIEL
11- JE DOIS JUSTIFIER MA
12- PRÉSENCE ET MES ABSENCES.
13- ÇA VA MIEUX! MES PROBLÈMES SONT TRANSPARENTS.
14- J'AI ENFERMÉ MES COMPTES DANS LES CHIOTTES.
15- COMME D'HABITUDE, J'AI ÉTÉ MAUVAIS À LA TÉLÉ.
SARKO M'A PROPOSÉ D'ÊTRE SON FUTUR PREMIER MINISTRE. MAIS IL PROPOSE ÇA AUSSI À VALLS, À TAPIE, À DSK, À JUPPÉ. C'EST MOI LE PLUS MÉPRISABLE. J'AI MES CHANCES…
L'AGENDA DE HOLLANDE.
ALLÔ… C'EST MOI… JE TE RAPPELLE DANS DIX MINUTES… ON EST SUR ÉCOUTE…
8- PROMETTRE
9- AFFIRMER
10- MANIER SANS REMANIER
11- NE PAS TOURNER LA PAGE.
12- NE PAS TOURNER AUTOUR DU POT.
13- NE PAS PÉTER PLUS HAUT QUE LE CUL DE MA COPINE.
14- GARDER AYRAULT? JE RÉFLÉCHIS…
15- GARDER TAUBIRA? JE RÉFLÉCHIS.
16 ENTRETENIR LE FLOU.
17- RESSERRER MA CRAVATE, ET LE GOUVERNEMENT.
18- REMANIER MES CONQUÊTES…
ALLÔ… TU VAS BIEN? QU'EST-CE QUE TU FAIS CE SOIR? AH BON, AVEC QUI?… ET DEMAIN SOIR?… AVEC QUI?… ELLE A RACCROCHÉ! CE SOIR, JE ME PASSE UN FILM PORNO…
L'AGENDA D'AYRAULT.
ALLÔ… NON, INUTILE DE ME RAPPELER DANS DIX MINUTES PERSONNE NE M'ÉCOUTE…
9. CAFÉ AU LAIT CROISSANTS.
10. LIRE LES JOURNAUX.
11. APÉRO.
12. RESTO.
14H- SIESTE.
16H- VISITER MES RUCHES À MATIGNON.
WOLINSKI

ENFIN UN 1er MAI UNITAIRE
LES ANTI-MARIAGE GAY
LES ANCIENS OAS
LES IDENTITAIRES
LES RACISTES
Cabu

LA FIN DE L'UMP EST POUR BIENTÔT
RISS.

LA LOI LEONETTI DOIT-ELLE S'APPLIQUER AUX SÉNATEURS ?
LEUR IMMUNITÉ NOUS EMPÊCHE DE DÉBRANCHER LES TUYAUX.
CATHERINE

FINKIELKRAUT NE VEUT PAS QUE LA FRANCE DEVIENNE "L'UNION SOVIÉTIQUE DE L'ANTIRACISME SANS CERVELLE"
NI LE REICH DU RACISME INTELLIGENT, BIEN SÛR...
CHARB.

DASSAULT SE MARRE...
ACCUSER UN MARCHAND D'ARMES DE CORRUPTION, C'EST AUSSI DÉRISOIRE QUE D'ACCUSER UN VIOLEUR EN SÉRIE D'EXCÈS DE VITESSE...
CHARB.

Mme BALKANY BALANCE TOUT À LA JUSTICE
D'OÙ VIENT MA FORTUNE ?
JE CHIE UN LINGOT TOUS LES MATINS
CHARB.

« Je vais perdre de l'argent en allant au Parlement européen ! » MAM
C'est comme si on me proposait un sous-smic !
HONORÉ

LA LETTRE DE COPÉ AUX ADHÉRENTS UMP SUR SON SITE WWW.JEANFRANCOISCOPE.FR
Je continuerai de marcher avec vous sur le chemin de la reconquête. Je le ferai avec l'amour de la France chevillé au cœur, avec cette flamme qui toujours m'anime : l'envie de rendre à mon pays tout ce qu'il m'a donné.
Du fond du cœur, je veux vous dire « Merci ».
Je vous embrasse.
Vive l'UMP !
Vive la République !
Vive la France !
Bien fidèlement
Jean-François Copé
Bisous
RAFFARIN, ÉLOIGNEZ LES ENFANTS, COPÉ EMBRASSE LES MILITANTS SUR LE NET !
ET DONNEZ UN COUP D'ÉPONGE À MON ORDI, IL DÉGOULINE D'AMOUR !
UMP
ABANDONNÉ JUSTE AVANT LES VACANCES, LE PETIT ROQUET...
... ALORS QU'IL AVAIT ENCORE TELLEMENT D'AMOUR À DONNER !
RECOMMANDÉ À L'ADOPTION PAR LA FONDATION BRIGITTE BARDOT
UN VRAI SAC À PUCES SARKOZYSTES MAIS AUCUN MORPION FILLONISTE !
TRÈS PROPRE (IL NE FAIT PIPI QUE DANS LA PISCINE DE ZIAD TAKIEDDINE)
ROOOHR, MAIS C'EST QUI QUI A FAIT UN GROS CACA DÉCOMPLEXÉ ?
NADIIIINE ! NADIIINE !
GNIII
UN PAPA
UNE MAMAN
TRÈS JOUEUR AVEC LES ENFANTS
C'EST POUR QUIQUI, LE PAIN AU CHOCO ? C'EST POUR COCO !
UN P'TIT GOURMAND
UNE VRAIE BOULE D'AMOUR
SALIVE BEAUCOUP
CANINES QUI RAYENT LE PARQUET
UN TANTINET NERVEUX
C'EST QUOI CES SURFACTURATIONS DE CANIGOU AU NOM DE DOGMALYON ?
ADOPTEZ COPÉ AVANT L'ÉTÉ SINON LUCE LAPIN TIRE LA CHASSE DES WC
KAI KAI
TU VAS ABÎMER TON FILLONOU, MON COCO !
UN GENTIL P'TIT VOLEUR
C'EST QUI QUI VA FAIRE UN DERNIER TOUR DE JACUZZI DANS LA PISCINE DE ZIAD TAKIEDDINE ?
LUZ

FAUT-IL DISSOUDRE COPÉ ?
CHARB.

Sondage. Copé 73 % de mauvaises opinions
HONORÉ
– Ah ! Pour une fois je suis en tête !

Le nouveau siège de l'UMP.
PILE À MA TAILLE !
UMP
TIGNOUS

SI DE GAULLE AVAIT ÉTÉ À L'UMP...
J'IGNORAIS QUE BYGMALION AVAIT SURFACTURÉ LE DÉBARQUEMENT
CHARB.

L'OBSESSION SARKOZY

IL A DÉTRUIT LA FRANCE
IL A DÉTRUIT L'UMP...
ET JE REVIENS!
CHARB.
TERMINATOR

SARKOZY PEUT-IL REVENIR?
DANS LE BUREAU DU JUGE, IL Y A DES CHANCES
LUZ

LE CHIKUNGUNYA PEUT-IL REVENIR ?
-RISS-

INTERMITTENTS
SARKOZY N'EST PAS EN GRÈVE
JE SUIS INNOCENT!
QUEL TALENT!
CHARB.

SAUVEZ LES CRÈVE-LA-FAIM DE L'UMP
-RISS-

DOUBLE FACTURATION À L'UMP
1re FACTURE
2e FACTURE
14 MILLIONS €
25% des voix
-RISS-

COMMENT DISSOUDRE L'UMP ?
ON POURRAIT DEMANDER UN DEVIS À BYGMALION..

SANS CASQUE !
MOI, REBELLE ! J'EMMERDE LE GENDARME DE ST TROPEZ !
cabu

FIN DE L'ALCOOL AU BUREAU?
J'AI DEMANDÉ À BYGMALION D'ORGANISER UN TRUC POUR TON POT DE DÉPART EN PRISON...
CHARB.

SARKOZY A-T-IL VRAIMENT ÉTÉ TRAITÉ COMME N'IMPORTE QUEL JUSTICIABLE ?
ANNUAIRE
WHO'S WHO
VOUS PRÉFÉREZ ÊTRE TABASSÉ PAR L'ANNUAIRE OU PAR LE WHO'S WHO?

Défendons Sarkozy.
Y EN A MARRE DU MADE IN FRANCE DE MONTEBOURG!
TIGNOUS

« À la tête de l'UMP il faut quelqu'un qui a des couilles. »
Bruno Le Maire
Il devient assez vulgaire pour gagner la primaire !
HONORÉ

TOUBON DÉFENSEUR DES DROITS
...DES DROITS POUR LE PRÉSIDENT DE NOMMER DES VIEILLES GANACHES RPR...
CHARB.

Sarko, toujours le retour.
HONORÉ
– Patience, j'arrive...

FUITE EN AVANT

AIDE HUMANITAIRE AUX CHRÉTIENS D'IRAK
ENVOYONS CHRISTINE BOUTIN!
LUZ

GRAND CONCOURS DES VICTIMES LES PLUS POPULAIRES DE L'ÉTÉ!
CHRÉTIEN D'IRAK
GAZAOUI
VIENS-LÀ, TOI!

SARKOZY PASSERA-T-IL L'HIVER? l'été
LE MOIS DE JUILLET, DÉJÀ, CE SERAIT BIEN ...
CHARB.

UMP
MERCI À JACQUES CALLOT

ÉTÉ 2064
IL REVIENT !!
COMME TOUS LES ÉTÉS DEPUIS 2012...
CHARB.

L'ÉCERVELAGE TRANQUILLE

Breaking Bad

ART CONTEMPORAIN
FISSURE SYNDICALE
LE CAP, C'EST DE FAIRE CRACHER LES RICHES.
LES RICHES NE CRACHENT QUE POUR ACHETER DE L'ART CON.
CFDT
CGT
FO
"CIEL" 400000 DOLLARS
LES "RESTOS DU CŒUR", C'EST DE L'ART CONTEMPORAIN
JE NE SUIS PAS MORT, POUR RIEN !
MERCI, COLUCHE.
Restos du cœur
COLUCHE
58,4 MILLIONS DE DOLLARS POUR ÇA !
C'EST UN PEU CHER, MAIS ÇA NE MANQUE PAS DE CHARME.
LES RICHES AVAIENT PLUS DE GOÛT À L'ÉPOQUE DE MICHEL-ANGE.
WOLINSKI

Dany Laferrière :
Un Haïtien à l'académie française.
Y EN A AU MOINS UN DE BIEN RELOGÉ !
TIGNOUS

Expo. Naissance d'un musée : le Louvre d'Abou Dhabi
HONORÉ
Ça fout la trouille !

JUSTIN BIEBER PREND SA RETRAITE
DÉJÀ ALZHEIMER MAIS TOUJOURS PIPI AU LIT
LUZ

PEUT-ON RIRE DU RAP ?
P'TIT ZIZ' LA PESTE
LUZ

LE RAPPEUR DU FILM "LA MARCHE" REND HOMMAGE AUX FEMMES VOILÉES
Moi, NEKFEU (fennec), Toi, PUTE (putois)
1995
CATHERINE

LA BOUTIQUE DE FRINGUES DE BOOBA ATTAQUÉE !
LE BÂTARD QUI M'EMPÊCHERA DE TRICOTER, IL EST PAS NÉ !
BAKEL CITY
CHARB.

LE ZOO DU BOIS DE VINCENNES ROUVRE SES PORTES
C'EST 22 EUROS L'ENTRÉE
CATHERINE

DEPARDIEU OUVRE LE FESTIVAL DE DOMINIQUE STRAUSS-KAHN
LUZ

LE CHANTEUR ANTOINE CONNAÎT BIEN LES PROSTITUÉES
VÉROLE ! LES OPTICIENS !
CATHERINE

RETOUR DE BERTRAND CANTAT
SES ADMIRATRICES PRENNENT LEURS PRÉCAUTIONS
BERTRAND
RISS

Nespresso
CATHERINE

RENAUD DE RETOUR AUX VIEILLES CHARRUES ?
C'EST PAS L'HOMME QUI PREND LE PASTIS...
...C'EST LE PASTIS QUI PREND L'HOMME
Cabu

Michael Jackson sort un nouveau disque.
C'EST LE MORT QUI RAPPORTE LE PLUS
APRÈS LE CHRIST !
TIGNOUS

BIENTÔT
Quai des Brumes
CATHERINE

«ANTISYSTÈME, PAS ANTISÉMITE»
CHAMBRES À GAZ ET PATRICK COHEN DANS LA MÊME PHRASE, C'EST DE LA DÉNONCIATION POUR ÉCHAPPER AU SORT COMMUN QUI ATTENDAIT, IL Y A 70 ANS, LES JUIFS... ET LES NOIRS
À LA DOUCHE
6e Arr.
RUE DU FOUR
DONNEZ-LEUR ÇA, ILS VEULENT ÇA!
QUENELLE
LA PREUVE QUE LA QUENELLE EST UN GESTE ANTISYSTÈME : C'EST DIRIGÉ CONTRE LA "GEST'IMPÔTS" DE LA "RIPOUXBLIQUE"..(L'ANTISYSTÈME, C'EST DONC BIEN CONTRE LA DÉMOCRATIE)
ICI AU ZÉNITH EN 2008, AVEC FAURISSON ET UN DÉPORTÉ EN PYJAMA RAYÉ...
DIEUDONNÉ EST UN HUMORISTE, SI, SI : IL A CHOISI UN PARTENAIRE PLUS DRÔLE QU'ÉLIE SEMOUN : LE NÉGATIONNISTE FAURISSON
SON GOUROU
ALAIN SORAL RESSEMBLE À UN Dr HOUSE QUI AURAIT PORTÉ L'UNIFORME...
DANS UN SKETCH SUR INTERNET ON VOIT FAURISSON DÉGUISÉ EN RABBIN AVEC UNE KIPPA AH! AH!
LES RIRES NE SE BLOQUENT PAS, ILS SONT AJOUTÉS
...INTERROGÉ PAR UN FAUX JOURNALISTE AUX INFLEXIONS DE PATRICK COHEN.
ET QUI MIEUX QUE DIEUDONNÉ PEUT RASSEMBLER LA HAINE, EUH NON, ...TOUS LES FRANÇAIS ?... DES ÉLECTEURS DU FN, DES ROUGES-BRUNS, DES PETITS BEURS, DES BEAUFS, DES ANTI-MARIAGE POUR TOUS, ETC.
cabu

JE REMERCIE LES QUENELLES ET LES JUIFS SANS QUI JE NE SERAIS RIEN...
CH.

BONNE ANNÉE, BONNE QUENELLE!
CHARB.

Quenelle NSDAP
Quenelle antisémite
Quenelle skin
Quenelle anti-immigrés
SIGNAUX À BRAS DE LA
MARINE
À l'usage des équipages pour la navigation néo-nazie
Quenelle anti-IVG
Quenelle homophobe
Quenelle l'armée avec nous
Quenelle saucisson vin rouge
FAF MACHO
HONORÉ
Quenelle à droite de la droite
Quenelle Civitas
Quenelle anti-Femen
Quenelle vive la peine de mort

UN PAPA UNE MAMAN
CONCHITA SAUCISSE
DEUX EN UN À L'EUROVISION
cabu

Spectacles sans intermittents
«Être ou ne pas être ...»

LE MATCH CONCHITA WURST CONTRE CHRISTINE PÂTÉ-DE-FOI
LUZ

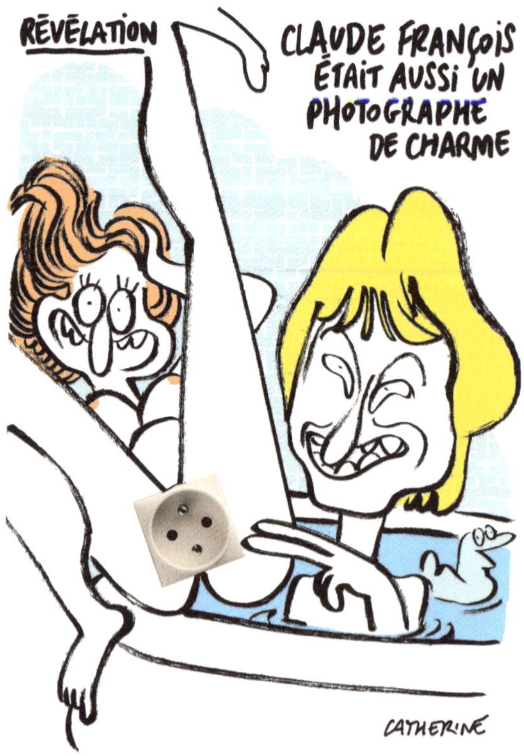
RÉVÉLATION
CLAUDE FRANÇOIS ÉTAIT AUSSI UN PHOTOGRAPHE DE CHARME
CATHERINE

ALAIN DELON VA MIEUX
moi
moi
moi
moi
moi
moi
LUZ

FRAUDE FISCALE
OÙ VIT VRAIMENT JOHNNY ?
DANS LE CŒUR DE TOUS LES FRANÇAIS
CHARB.

DIEUDONNÉ CHANGE DE SPECTACLE
MOI AUSSI !
NOUVEAU
TRIERWEILER
-RISS-

ROBIN WILLIAMS
ENFIN DRÔLE LE JOUR DE SA MORT
TUT ♪
-RISS-

L'ART
AU FINAL, CETTE PERTE D'UN QUART DES SUBVENTIONS N'EST PAS SI GRAVE QUE ÇA !
JE SUIS COLLECTIONNEUR D'ART
ET MOI DE COLLECTIONNEURS D'ART
IL NOUS RESTE PLUS QU'À TROUVER UN DIVAN PAS TROP CHER POUR ALLER AVEC !
KAMAGURKA

MORT DE MÉNIE GRÉGOIRE
ON N'A PLUS BESOIN D'ELLE.
MAINTENANT QU'ON EST LIBÉRÉES.
RISS

POLONY/CARON
ELLE CASSE DES COUILLES
IL MOULINE DES POTIRONS...
IRRÉCONCILIABLES !
CHARB

LA VIE DU MORPION D'ADÈLE
Je t'aime !
CATHERINE

UN FILM SUR YVES SAINT LAURENT
À LA FIN, IL N'ALLAIT PAS BIEN DU TOUT
RISS

FINKIELKRAUT PRÉFÈRE L'ACADÉMIE FRANÇAISE À LA BANLIEUE
VOUS ME VOYEZ HABILLÉ COMME CE BOUFFON.
RISS.

Finkielkraut sous la Coupole.

IMMORTEL DE SOUCHE!
LUZ

LE BUSINESSMAN DU BLACK
VOUS AIMEZ SOULAGES, LE MAÎTRE DU NOIR? PAS MOI! JE N'IRAI PAS À RODEZ ME GRATTER LA TÊTE DEVANT SES CHEFS-D'ŒUVRE FUNÈBRES. À LA VÉRITÉ, JE SUIS JALOUX DE CE NONAGÉNAIRE, QUI N'EST PAS OBLIGÉ, COMME MOI, DE CHERCHER DES IDÉES, DE DESSINER, DE SE RENOUVELER, DE SUIVRE L'ACTUALITÉ. SOULAGES FAIT DU NOIR. C'EST ÇA, SON TRUC. SON NOIR VAUT DES FORTUNES. LE MAÎTRE DU NOIR N'A MÊME PAS BESOIN DE PEINDRE. IL A DES ASSISTANTS POUR ÇA. IL LEUR FILE UN POT DE NOIR, UNE BROSSE, UNE TOILE, ET POUR 50 €, ILS BARBOUILLENT 5 MILLIONS D'EUROS. ELLE EST PAS BELLE, LA VIE!
LE BUSINESSMAN DU BLACK N'A PAS ÉTÉ OBLIGÉ COMME MOI DE COPIER DUBOUT, ELDER, GUSTAVE DORÉ... IL FAUT BEAUCOUP IMITER AVANT DE DEVENIR SOI-MÊME.
SOULAGES A PEINT MA CULOTTE.
C'EST PLUS BEAU, LE NOIR, LORSQU'IL EST CONTRE LE MUR.
SOULAGES SE FICHE QU'ON NE REGARDE PAS SES TOILES MACABRES. À QUOI ÇA SERT DE CONTEMPLER LA NOIRCEUR? BIEN SÛR, VOUS ALLEZ ME DIRE, LE NOIR C'EST LE MYSTÈRE, L'INCONNU, LE TROU SANS FOND, LA MORT. LES ROMANS POLARS. LE NOIR A ENRICHI SOULAGES, BRAVO! IL FALLAIT OSER BARBOUILLER LA SOMBRE COULEUR DU MALHEUR! LES RICHES NE SAVENT PAS QUOI FAIRE DE LEUR FRIC! ILS ACHÈTENT DES MÈTRES CARRÉS DE PEINTURE NOIRE, JUSTEMENT PARCE QUE C'EST CHER. ET QU'IL FAUT QUE ÇA SE SACHE QU'ON A LES MOYENS DE SE PAYER LA NOIRCEUR.
LES PAUVRES N'ONT PAS LES MOYENS DE VOIR TOUT EN NOIR. LES PAUVRES VIVENT DANS LA GRISAILLE, DANS L'INQUIÉTUDE DU LENDEMAIN. SOULAGES A FAIT UNE GRANDE DÉCOUVERTE. SI ON N'AVAIT PAS INVENTÉ LA LUMIÈRE, ON VIVRAIT DANS L'OMBRE.
OH, UN "SOULAGES," QUELLE MERVEILLE!
CONNASSE!
WOLINSKI

JEAN-LUC GODARD : "J'ESPÉRAIS QUE LE FRONT NATIONAL ARRIVERAIT EN TÊTE. JE TROUVE QUE HOLLANDE DEVRAIT NOMMER MARINE LE PEN PREMIER MINISTRE"
"Le Monde", 10 juin 2014
La Nouvelle Vague Bleu Marine
LE MÉPRIS
ET MES FAFS... TU LES AIMES, MES FAFS ?
Minute
TAUBIRA RETROUVE LA BANANE
LE PEN AU POUVOIR
NEW YORK Herald Tribune
Minute
A Bout De Souffle
QU'EST-CE QUE J'PEUX FAIRE ? J'SAIS PAS QUOI FAIRE ?
Philippot le Fou
JE VOUS SALUE, JEAN-MARIE
SOIGNE TA DROITE EXTRÊME
la Chinoise
RETOURNE DANS TON PAYS !
C'EST VRAIMENT DÉGUEULASSE !
QU'EST-CE QUE C'EST, DÉGUEULASSE ?

« C'EST QUELQU'UN QUI M'A CLIC », LE MEILLEUR ALBUM DE CARLA BRUNI
CLIC
CATHERINE

INTERMITTENTS DU SPECTACLE
MIMES EN COLÈRE
LUZ

Le fort de Brégançon s'ouvre au public.
CAHUZAC
CASSETTE MERY
EMPLOIS FICTIFS
HONORÉ

HANDICAPÉS MENTAUX
PLAINTE CONTRE DISNEYLAND POUR DISCRIMINATION
SI LES MÔMES ARRIVENT DÉJÀ MONGOLIENS, ON A PLUS RIEN À FAIRE !
CHARB.

STROMAE
PLUS POPULAIRE QUE
STROMAUVAIS
JE SUIS FORMIDABLE
JE SUIS FORT MINABLE
LUZ

LA BÊTE IMMONDE QUI MONTE

TRANQUILLE

COMME LE BIJOUTIER DE NICE...
LE PEN AURAIT TIRÉ !
FAIS GAFFE, JEAN-MARIE, TU FERMES LE BON OEIL !
Cabu

NON À LA PMA
ENTRE LA DROITE LA PLUS BÊTE DU MONDE...
... ET LA DROITE LA PLUS IMMONDE
RISS

ALORS, LES RÉACS, TOUJOURS FIERS D'ÊTRE FRANÇAIS ?!
CHARB

MOSCOVICI D'ACCORD AVEC LE PEN
LA REPRISE EST LÀ !
PIB 0,2%
BRIGNOLES 54%
RISS

L'UMP DONNE LE POUVOIR AUX FEMMES...
... DU FN
RISS.

La croissance redémarre
celle du FN !
HONORÉ

1/3 DES FRANÇAIS SÉDUITS PAR LES IDÉES DE LE PEN
ON EST PRÊT À AVALER N'IMPORTE QUOI...
CHARB.

MARINE, C'EST PAS COMME JEAN-MARIE
DURAFOUR CRÉMATOIRE.
DURAFOUR MICRO-ONDES.
RISS.

QUAND VOUS SEREZ ÉLU MAIRE ET QUE VOUS SEREZ CONFRONTÉ AU PROBLÈME DU TRAITEMENT DES ORDURES...
...NE RÉPONDEZ PAS : "LES ORDURES Y A QU'À LES ENVOYER EN CAMP DE CONCENTRATION"...
FN
cabu

Le FN contre l'Euro.
MAIS POUR LE REICHSMARK!...
TIGNOUS

JE NE SUIS PAS D'EXTRÊME DROITE
LUZ

„ROBERT MENARD SOUTENU PAR LE F.N."? M'EN FOUS. JE FAIS CE QUE JE VEUX !

DANS MES BRAS !

DANS LE PARC DE MONTRETOUT
MOI PUCELLE D'ORLÉANS...
...TOI PUCEAU DES BEAUX QUARTIERS !
FN

ÇA NOUS SOULAGERAIT DE VOUS ENVOYER EN CAMP DE CONCENTRATION
FN
FN
FN
FN
FN

DRAGUÉ À GAUCHE COMME À DROITE.
FN
JE SUIS LE BRAD PITT DE L'ISOLOIR

BIENVENUE !
CATHERINE

UNE CANDIDATE FN COMPARE TAUBIRA À UN SINGE
ÇA AURAIT ÉTÉ RACISTE SI JE L'AVAIS COMPARÉE À UNE ROM ...
CHARB.

BRIGNOLES, LE LABORATOIRE DU FN ?
COMMENÇONS PAR UNE EXPÉRIENCE SUR LES ROMS...
CHARB.

ALAIN DELON, PRÉSIDENT DU JURY DES MISS FRANCE, EST PRO-FN
C'EST LA SEULE CANDIDATE QUI ME FAIT BANDER
MISS EXTRÊME
LUZ

LE FN SÉDUIT LES PROFS
ILS ONT PROMIS D'ALLÉGER LES PROGRAMMES
SHOAH
VICHY
RISS

MONTÉE DU FN DANS LES VILLES DU SUD
PACA
CATHERINE
LE NOMBRE DE RÉFUGIÉS CLIMATIQUES VA ENCORE GROSSIR

Le FN fait sa mue
Ne dites plus "extrême droite" !
Ne dites plus "point de détail", dites "point de croix" de l'Histoire
Ne dites plus "youpins", dites "youpi-tralala"
Ne dites plus "bougnoules", dites "bonnes bouilles"
Ne dites plus "Dieudonné", dites "Dieu le père"
Ne dites plus "ratons", dites "ratiers"
Ne dites plus "Gégène", dites "Gégé paie-nous-à boire"
Ne dites plus "durafour-crématoire", dites "durafour-crème dépilatoire"
VASELINE MARINE
CATHERINE

LE SINGE
ET LA
FRANCE
Reconnaître le singe au gouvernement
ANNULÉE
EXPOSITION
organisée
par Mme Leclerc
candidate FN
LES
SINGES SONT
CHEZ NOUS, ILS
HONORÉ

RASSEMBLEMENT
BLEU RACISTE
CHARB.

LE FAMEUX SOURIRE EN BANANE
FN
Cabu

L'ARBRE
C'EST TOUT CE QU'IL NOUS RESTERA
QUAND LE FN SERA AU POUVOIR
CATHERINE

MAIS NON, LA FRANCE N'EST PAS RACISTE
42% DES FRANÇAIS PRÊTS À VOTER POUR MON ETHNIE.
RISS

SACHEZ LES RECONNAÎTRE...
IDENTITAIRE
FN
CH.

OUI À LA PÉNALISATION DES CLIENTS DU F.N.
RISS

NOUS SOMMES CHEZ NOUS.
DE NOS JOURS, LES JOURNALISTES DE I>TÉLÉ, LES ÉTUDIANTS, LES PROLOS, LES CLODOS, LES ACTEURS SE LAISSENT POUSSER LA MOUSTACHE COMME ASTÉRIX ET OBÉLIX.
TIENS, ÇA LUI IRAIT BIEN, UNE MOUSTACHE, À FRANÇOIS HOLLANDE!
LA FRANCE A TOUJOURS ÉTÉ RINGARDE, MAIS EN 2013 NOUS BATTONS DES RECORDS. NOUS VIRONS LES ÉTRANGERS, MAIS NOUS RÊVONS D'ALLER VIVRE À L'ÉTRANGER. LE FRANÇAIS N'AIME PLUS LA FRANCE!
MARSEILLE, FAN DE CHICHOURNE! C'EST PIRE QUE CHICAGO AU TEMPS D'AL CAPONE.
LES JEUNES FRANÇAIS SPEAK L'ENGLISH BECAUSE C'EST LA LANGUE DU BISENESS. IL N'YA QUE LES KOSOVARS ET LES MAL BLANCHIS QUI JASPINENT NOTRE ARGOMUCHE!
HEUREUSEMENT, CETTE ENGEANCE NE SAIT PAS NAGER!
HELP
AVANT, ON SE CONTENTAIT DE PEU. ON SAVAIT QUE LES INFORTUNÉS NE DEVIENNENT JAMAIS RICHES. ON BOSSAIT, ON SUAIT, ON SE CREVAIT LA PAILLASSE, ON GAGNAIT DES CLOPINETTES!
ON MOURAIT AVANT DE DEVENIR OCTOGÉNAIRE.
NOUS SOMMES DEVENUS UN PEUPLE DE PLEURNICHARDS, AIGRIS, HAINEUX, ENVIEUX, MÉCHANTS. NOUS MÉRITONS CE QUI NOUS ARRIVE. MÊME LES COCOS SONT RÉACS!
CEUX QUI NE SERONT JAMAIS ACTIONNAIRES SONT DEVENUS RÉACTIONNAIRES
HEIL MARINE
NOUS SOMMES CHEZ NOUS!
WOLINSKI

PRISE DE GUERRE:
MONSIEUR KLEIN !
FN
cabu

LAMPEDUSA
LA MÉDITERRANÉE...
...APPLIQUE LE PROGRAMME DU FRONT NATIONAL
FN
Riss

DELON SOUTIENT LE FN
LE PARTI DES GENS SIMPLES
CHARB.

PHILIPPOT SUR LA TOMBE DE
DE GAULLE
POUR LE COUP DE GRÂCE
cabu

FEMMES BATTUES
SI TU NE SAIS PAS POURQUOI TU LA TAPES, ELLE LE SAIT.
RISS

LE FN FORME SES CANDIDATS
ÉCOLE LE MATIN, RACISME L'APRÈS-MIDI
CATHERINE

QU'EST-CE QU'ON A FAIT AU
BON DIEU
POUR AVOIR UNE FRANCE AUSSI
RACISTE ?
RISS

VERRE
PAPIER
RECY-CLABLE
ORDURES MÉNA-GÈRES
ROMS

La Vitrine de Noël du Fron
BONNET ROUGE
réversible
bleu-blanc-rouge
KEN
BRIOIS
Chevaux 3
Playmo 40
Civitas
Lapin
Chrétien
3D
UMP
Mime
tout
haut
ce que la
France
pense
tout
bas
Taboo
Serge
AYOUBISOU
Bougnoule
Youpin
Nègre
Pédé
FACHOGLOUTON
FACHOGLOUTON
Panoplie de Que
Nain
Jaune
Promo
GRAVENSBURGER

Buzzillipot l'éclair
ational
DÉDIABOLISATEUR
Clément Méric cet ASSASSIN
Cahier de Coloriage de Robert Ménard
Préface de Pierre Carles
singstar BURZUM
Marion Maréchal Le Peigne
TRANSFORMER
FN
Spécial Municipales 2014
BON D'ACHAT
RENOUVEAU FRANÇAIS
TERRE ET PEUPLE
Liste anti Sioniste
BLOC IDENTITAIRE
GUD Groupe union Défense
Jeunesses Nationalistes révolutionnaires
Chrétienté Solidarité
MANIF pour tous
ORDRE NOUVEAU
ŒUVRE FRANÇAISE
Troisième voie
BONS
playmarine
Bijoutier de Nice
Pogrom
Radar
Voleurs de poule
Poules vendues séparément
Gilberounours
LUZ

QUE VEULENT 25% DES FRANÇAIS ?
UNE JEANNE D'ARC QUI ENVOIE LES AUTRES AU BÛCHER
étranger
Cabu

LE PEN COMPARE LE CORAN À MEIN KAMPF...
BON, J'AVOUE, J'AI LU QU'UN DES DEUX BOUQUINS...
CHARB.

RETIRONS LA DOUBLE NATIONALITÉ AUX LE PEN
FASCISTE DE SOUCHE
RACISTE DEUXIÈME GÉNÉRATION

LE PEN NE COMPREND PLUS SA FILLE
POURTANT, AVANT, ÇA TE FAISAIT RIRE.
-RISS-

SCRUTIN LOCAL, ENJEU NATIONAL
FRANÇOIS HOLLANDE
JULIE GAYET
LUZ

N'IMPORTE QUOI ?!
MUSSOLINI !
JEANNE D'ARC !
DE GAULLE !

JEAN-MARIE LE PEN CONTRE LE CHANGEMENT DE NOM DU FN
JE VEUX BIEN QU'ON CHANGE LA PEINTURE...
Front National
... MAIS PAS LA PLAQUE D'IMMATRICULATION
LUZ.

MUNICIPALES
DÉSESPÉRÉ ?
TU AS RAISON, SUICIDE-TOI !
PAN !
CHARB.

EUROPÉENNES
LE FN VISE 20 DÉPUTÉS
ET APRÈS C'EST VOUS QUE JE VISE !
LUZ

LE PEN DÉBORDÉE PAR DIEUDONNÉ
LE PEN, VITE !
AUSCHWITZ, VITE !
RISS

SI JE VEUX RESTER DANS L'HISTOIRE... FAUDRAIT QUE JE RETOURNE MA VESTE !
2013 RESTERA COMME L'ANNÉE MANDELA
L'ICONE DE LA RECONCILIATION
DOUCEMENT MON PAPA, DOUCEMENT ...
Cabu

COMMENT LE PEN S'EST-IL ENRICHI ?
COMME D'HAB ! J'AI VENDU DES IDÉES DE MERDE À UN PEUPLE DE CONS !
CHARB

ROBERT MÉNARD
DE REPORTERS SANS FRONTIÈRES À…
LA FRANCE AUX FRANÇAIS!
CHARB.

HIVER TROP DOUX…
…LA VERMINE EST LÂCHÉE!
Cabu

L'ABSTENTION BLEU MARINE
LES ÉLECTIONS, C'EST POUR LES PÉDÉS ET LES JUIFS!
CHARB.

QUELLES VILLES POUR LE FN?
NOOOUUS!
NOOUUS!
NOOUUS!
NOUS D'ABORD!
NOOUUS!
NAN, NOUS!
NOOUUS!
NOOUUS!
NAN, NOUS!
NOOUUS!
CHARB.

COMME 25% DES FRANÇAIS…
… J'Y PENSE LE MATIN EN M'ÉPILANT.
RISS

LE FN DIT MERCI À BOKO HARAM
223 AFRICAINES QUI NE VIENDRONT PAS CHEZ NOUS.
RISS

12 000 EUROS PAR MOIS POUR REPEINDRE L'EUROPE AUX COULEURS DE L'ESPOIR, C'EST COOL, LA VIE!
CHARB.

6 JUIN 2014
RISS
LES FACHOS DÉBARQUENT EN EUROPE

MARINE LE PEN À BRUXELLES
LE MANNEKEN PIS, IL EST CIRCONCIS!
FN
cabu

ENCORE UNE FILLETTE...
...PRISE EN OTAGE!
EUROPE
cabu

AVIGNON, VILLE FN ?
ON DIT « À NAZIGNON » OU « EN NAZIGNON » ?
CATHERINE

EN ROUTE POUR LE 2e TOUR !
cabu

HENIN-BEAUMONT
ENFIN UN LABORATOIRE POUR LE FN !
RESTE PLUS QU'À LÉGALISER LES EXPÉRIENCES SUR LES ATTARDÉS...
STEEEVE!
STEEEVE!
STEEEVE!
CHARB.

MUNICIPALES
L'EXTRÊME DROITE ENVAHIT LE SUD ! MÊME LES CIGALES FONT DES QUENELLES
CRI CRI
CRI CRI CRI
LUZ

COUPE DU MONDE DE L'ANTISÉMITISME
LE FN EN FINALE !
cabu

L'EXTRÊME DROITE EUROPÉENNE DIVISÉE
À BAS LES JUIFS !
À BAS LES PÉDÉS !
SERREZ-VOUS LA MAIN !
CH.

LE PEN FÉLICITE L'ÉQUIPE DE FOOT D'ALGÉRIE
LES FILS SE SONT BIEN BATTUS.
LES PÈRES SE SONT BIEN DÉBATTUS.
RISS.

REFAIRE LE MUR DE BERLIN
LA FRANCE AUX FRANÇAIS
cabu

JE VAIS TE DESSALER MON PETIT BONHOMME !
Cabu

MARINE LE PEN PRÊTE À COHABITER AVEC HOLLANDE
RISS.

MARINE LE PEN PRÊTE À UNE COHABITATION AVEC HOLLANDE
MONTOIRE
OUI MAIS À MONTOIRE.
RISS.

LA PESTE BRUNE VEUT COHABITER AVEC LA VESTE MOLLE
LUZ

MARINE LEPEN CONTRE LA DOUBLE NATIONALITÉ
RACISTE OU ANTISÉMITE ?
IL FAUT CHOISIR !
RISS

LA 3e MI-TEMPS
TRANQUILLE

NON À LA DICTATURE DU FOOT!
FFF
CHARB.

RIBÉRY N'IRA PAS AU BRÉSIL
UN BLEU DE MOINS À TRAIRE...
LUZ

ENFIN UNE BONNE RÉFORME:
75 DE QI = 75% D'IMPÔTS
10
RISS.

Coupe du monde
Les supporters unanimes:
La mascotte est ratée.

ZLATAN TAXÉ À 75%
PAS MANGER, PAS BABALLE
UN MILLION OU DEUX, SVP!
Fly Emir
LUZ

VIVEMENT UNE NOUVELLE CATASTROPHE RIO-PARIS
AIR FRANCE
RISS

LES USAGERS DE L'INTELLIGENCE EN COLÈRE
BLEUS
FRANCE
ALLEZ LES BLEUS
FRANC

LA COUPE DU MONDE RESPONSABLE DE LA TUERIE DU MUSÉE JUIF DE BRUXELLES
ON VEUT DE LA VRAIE HAINE ENTRE LES PEUPLES, PAS DU CHIQUÉ.
RISS

LES MILLIARDAIRES EN CALEÇON...
...REMONTENT LE MORAL DES SMICARDS EN SLIP
RISS

Y A PAS QUE LE FOOT DANS LA VIE
GN'YA AUSSI LE THÉÂTRE
RIBÉRY
LUZ

UN PRÉSIDENT MOINS POPULAIRE...
...QU'UN POTEAU DE CORNER
RISS.

LE FOOT RÉCONCILIE LA FAMILLE LE PEN
SALE JUIF
SALE ARABE
RISS.

ÉCHAPPER AU FOOT, C'EST POSSIBLE !
MÊME SI ÇA DEMANDE QUELQUES SACRIFICES...
CHARB.

ALLEZ LES BLEUS
VIVE LA FRANCE
SI LES ROMS MARQUAIENT DES BUTS
PARIS MATCH Le champion en famille
Libé Matteu Valbuenu redacteur en chef "Nous sommes un manouche"
L'Équipe ET UN ET DEUX ET TROIS TZIGANES
Le Figaro Vers une France "Black Blanc Rom" ?
GQ LA COOLITUDE VENUE DE L'EST
Le style Benzemu
Closer HOLLANDE-LÉONARDA l'amour nomade
Le Parisien Allez les Roms !
Si vous ramenez en France la coupe du monde de foot, vous pourrez installer votre campement sur la pelouse du stade de France
…ET BUT DE ÉRIC CANTONU
DJANGO 3
REINHARDT 10
ET UN MAGNIFIQUE DRIBBLE À LA PETITION DE RIBÉRU
SI ON GAGNE LA COUPE, JE MANGE UN HÉRISSON
ET UN MAGNIFIQUE ARRÊT DU GARDIEN FRANÇAIS FABIENU BARTHEZU
ET JE VOUS ANNONCE QUE JE NOMME LEONARDA MINISTRE DU CAMPING ET DES SPORTS !
VIVE LA FRANCE ET LES ROMS
HAAA, EN VOILÀ UN QUI SAIT CHANTER "LA MARSEILLAISE" !
PAR CONTRE QUELQU'UN NOUS A VOLÉ LES HAUT-PARLEURS !
Allons enfants de la Patruuuu le jour de gloire est arrivu
J'CONNAIS TA TÊTE ! TU SERAIS PAS UN RÉCIDIVISTE DU PÉRIPH' ?
QU'EST-CE QUE C'EST ENCORE QUE CETTE FERRAILLE ?
LUZ

DES J.O. DE MERDE...
...COMMENTÉS PAR DEUX TROUS DU CUL !
FRANCE 2
CHARB.

DÉCEPTION DANS LE CAMP FRANÇAIS
CAVANNA FORFAIT POUR LES JO DE SOTCHI
RISS

LA RUSSIE ET L'UKRAINE AUX JEUX PARALYMPIQUES DE SOTCHI
RISS

DÉBUT DES J.O. EN RUSSIE
PREMIÈRE ÉPREUVE...
...LE JETER DE MILITANTS DE GREENPEACE EN PRISON
LUZ

VLADI
CATHERINE

SOTCHI
UN POUTINE ET DEUX BOUFFONS
РОССИЯ
2
ENFIN ENTRE HOMMES, NELSON
LUZ

CATHERINE

JO
INJUSTICE!
CES DISCIPLINES OÙ LA FRANCE AURAIT PU REMPORTER DES MÉDAILLES SI ELLES AVAIENT ÉTÉ RECONNUES PAR LE COMITÉ OLYMPIQUE.
LA MANCHE SUR NEIGE.
LA MANCHE ACROBATIQUE SUR GLACE.
LA MANCHE SOUS NEIGE.
LA STALACTITE DE MORVE SUR CIBLE.
ALLEZ!
L'ÉCLUSAGE DE VIN CHAUD SUR ZINC.
LE LANCER DE GLAÇONS DANS LE PERNOD.
LE SIPHONNAGE DE VESSIE SUR NEIGE. (FIGURE LIBRE)
LE COLLAGE DE LANGUE SUR POTEAU MÉTALLIQUE GELÉ
COURSE DE QUENELLES SUR GAMING BOARD.
COURSE DE LENTEUR EN PANTOUFLSLEIGH.
LANCER DE CHATONS SUR CHALET.
CHARB.
DONNEZ-MOI 1000 COLOMBES
LE DÉCLENCHEMENT D'AVALANCHES

QUAND LA FRANCE PERDRA…
…CE SERA DU SECOND CHOIX !
cabu

DESCHAMPS À LA DOUBLE NATIONALITÉ
BABALLE ET NEUNEU
LUZ

FOOT, RELIGION DE MERDE !
NON AU PORT DE SIGNES OSTENTATOIRES DE CONNERIE !
FFF
CHARB.

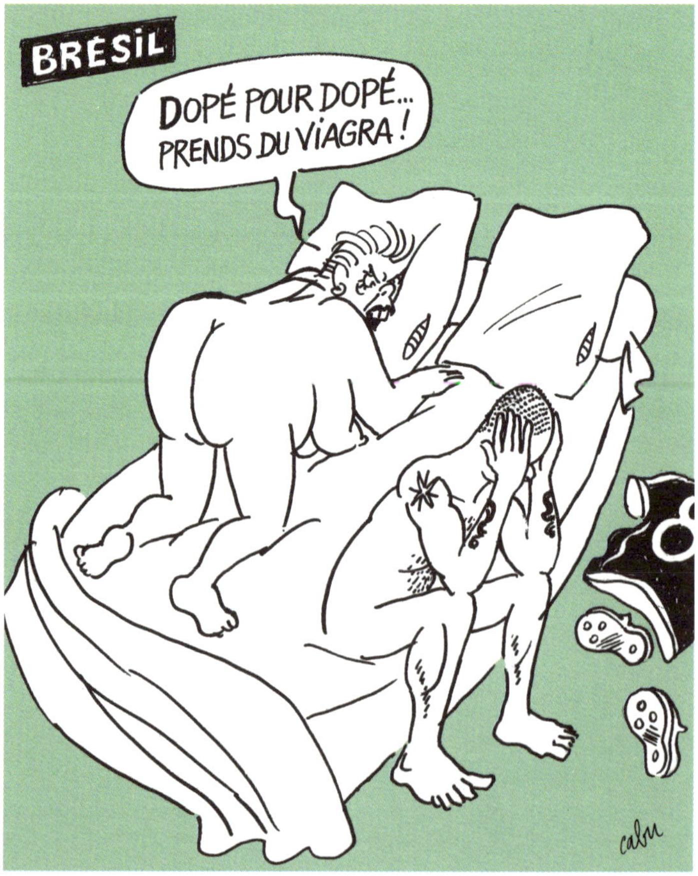
BRÉSIL
DOPÉ POUR DOPÉ… PRENDS DU VIAGRA !
cabu

VIVE LA FRANCE BLACK BLANC ROM
RISS

VOS GUEULES, LES PAUVRES !
PAS DE BORDEL AVANT LE MONDIAL !
PLATINI
FIFA
cabu

NOUVEAU SCANDALE SEXUEL DANS LE TENNIS
QUOI ?!
CHARB.

Jeux olympiques. L'équipe d'Ukraine bat un record
1
2
3
HONORÉ

SCHUMACHER EST SORTI DU COMA
BIP
MERDE, DÉJÀ UN RADAR !
LUZ

SCHUMACHER ENTRE LA VIE ET LA MORT
LA QUENELLE EST ATTEINTE.
RISS

SCHUMACHER MÉDAILLE DE PLOMB
ZZZZZ
CATHERINE

BENZEMA
PRESIDENT
IL VA SAUVER
LA FRANCE
GUÉRIR LE SIDA
RELANCER L'UMP
MARCHER SUR L'EAU
RÉDUIRE LES DÉFICITS
ARRÊTER LA GUERRE AU
PROCHE-ORIENT, RESSUSCITER
VINCENT LAMBERT, RÉUSSIR
LA MAYONNAISE, FAIRE JOUIR
ZAHIA, GAGNER L'EUROVISION,
RÉPARER UNE ÉTAGÈRE IKEA, LIRE
UN LIVRE, SAUVER LES PANDAS,
BAISSER LA TEMPÉRATURE DE LA
PLANÈTE DE 2°, ÉRADIQUER LES
HÉMORROÏDES, REDONNER SA
DIGNITÉ À VALÉRIE TRIERWEIL
SUPPRIMER LES IMPÔTS,
LÉGALISER LE SHIT,
GAGNER TOUS LES
CONCOURS DE
CHARB. & LUZ

LA FRAPPE CHIRURGICALE

TRANQUILLE

McDONALD'S QUITTE LA CRIMÉE
MAIS PAS LA SYRIE.
RISS

Fusillades à Marseille
Si vous voulez, moi je vous règle ça, vite fait, bien fait !
HONORÉ

Succès !
LES REBELLES SYRIENS ACHÈTENT L'ALLUME CIGARE DU RAFALE !
CHARB.

LA GUERRE DE CORÉE RETIRÉE DES MANUELS D'HISTOIRE-GÉO
PLUS QUE 50 ANS À ATTENDRE POUR QU'ON NE PARLE PLUS DE MOI.
RISS

Les experts sont formels : On a retrouvé les armes de destruction massive de Saddam.
DANS LES POUMONS DES SYRIENS
TIGNOUS

LA SYRIE A FOURNI LA LISTE DE SES ARMES CHIMIQUES
TOUT EST LÀ, CHEF !
CANARD WC
PLIZ
AIR WICK
CHARB.

GUERRE CHIMIQUE
AL-ASSAD FAIT DES CONCESSIONS
LES BOULES PUANTES SERONT INTERDITES LORS DE LA PROCHAINE RENTRÉE DES CLASSES
LUZ

LES JOLIES COLONIES DE VACANCES
PETITE SIGNATURE SIOUPLAÎT
SYRIE

C'EST TOI QUI A COMMENCÉ !

KHODORKOVSKI EST GRACIÉ.
MIKHAÏL KHODORKOVSKI, PUIS-JE T'INTERVIEWER POUR "RADIO IRRESPONSABLE"?
DA.
ÇA NE T'EMBÊTE PAS, CAMARADE, D'ÊTRE VIRÉ DE RUSSIE PAR POUTINE QUI A PEUR QUE LES CHEFS D'ÉTAT OCCIDENTAUX BOUDENT LES JEUX DE SOTCHI?
POUTINE SAIT QUE JE COMPTE MOINS LORSQUE JE SUIS LIBRE, QUE LORSQUE JE COUDS DES PANTOUFLES AU GOULAG.
VAS-TU RETOURNER EN RUSSIE, MON PAUVRE, CHER EX-MILLIARDAIRE?
POUR QUOI FAIRE, MON PETIT POT DE MIEL?
TU AS DIT QUE TU VOULAIS TE CONSACRER À LA DÉFENSE DES PRISONNIERS POLITIQUES EN RUSSIE, SANS T'OPPOSER AU KREMLIN. C'EST VRAI, OU C'EST JUSTE POUR RIGOLER?
JE SUIS RICHE, SOLEIL DE MON CŒUR, D'ORIGINE JUIVE. LES RUSSES NE M'AIMENT PAS. APRÈS 10 ANS DE GOULAG, J'AI BESOIN DE RÉFLÉCHIR. MON PAYS N'A PAS BESOIN DE MOI.
10 ANS SANS NIQUER UNE GONZESSE, MON PAUVRE EX-OLIGARQUE. C'EST LONG! C'EST TRÈS LONG! ÉCOUTE, BEAU GOSSE, SI TU AS ENVIE QUE J'ÉCARTE LES CUISSES, NE TE GÊNE PAS!
MERCI, PETITE MÈRE, ÇA NE SE REFUSE PAS. ON Y VA!
WOLINSKI

LE CHANTAGE AU GAZ DE POUTINE
RRRRUSSE AVOIR LA PLUS GRRROSSE
LUZ

POUTINE PRIX NOBEL DE LA PAIX?
OU D'HUMOUR, ÇA ME VA AUSSI...
CHARB.

VAS-Y POUTINE ! TOUS DES PÉDÉS, LES EUROPÉENS !
cabu

POUTINE SOUTIENT L'UKRAINE RUSSOPHONE
COMME JE SOUTIENS LA SYRIE RUSSOPHONE...
CHARB.

UKRAINE
LES FRANÇAIS INQUIETS
J'AI COMMANDÉ UNE FEMME, LÀ-BAS ! EST-CE QUE JE SERAI LIVRÉ ?
CHARB.

CATHERINE
POTEMKINE

POUTINE ENVOIE DEPARDIEU EN UKRAINE
NON AUX ARMES CHIMIQUES !
VODKA
VODKA
LUZ

Les leçons de Lampedusa :
mouille-toi bien la nuque !

KAMAGURKA

NOËL À LAMPEDUSA
TOUT NU ET TOUT BRONZÉ
Félix

SCANDALE
300 AFRICAINS VENUS EN EN EUROPE POUR FAIRE LA PLONGE...
...FINISSENT AU FOND DU LAVABO
RISS

NOYADES DE MIGRANTS :
L'EUROPE PREND DES MESURES
SERVEZ-VOUS
RISS

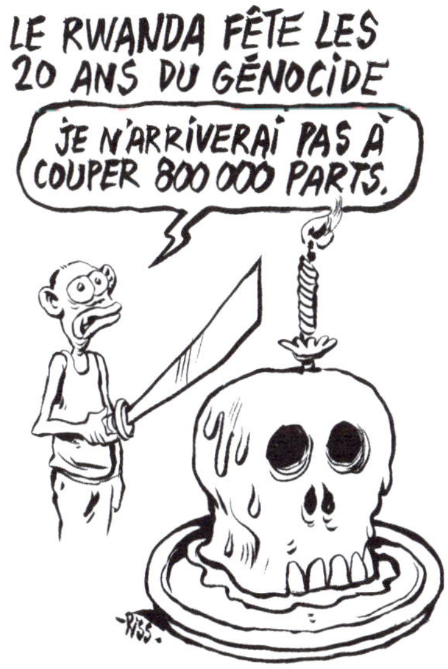
LE RWANDA FÊTE LES 20 ANS DU GÉNOCIDE
JE N'ARRIVERAI PAS À COUPER 800 000 PARTS.
RISS

le génocide rwandais.
ÇA A COMMENCÉ AVEC LA RADIO DES MILLE COLLINES POUR FINIR À PLUS DE 800 000 COLLINES.
TIGNOUS

Un gouvernement de Combat.
ON TERMINE LES TUTSIS !?
TIGNOUS

TUTSI CRUSH
LE GÉNOCIDE RWANDAIS ENFIN ADAPTÉ EN JEU SUR SMARTPHONE !
FÉLIX

Rwanda
On ne fait plus de différences entre Tutsis et Hutus.
TIGNOUS

PROCÈS DU GÉNOCIDE RWANDAIS
LEVEZ LE MOIGNON DROIT ET DITES « JE LE JURE ».
RISS

BOKASSA II PRÉSIDENT !
RISS

MISS CENTRAFRIQUE A REÇU SON DIADÈME SUR LA TÊTE
RISS

NOËL À BANGUI
MON BEAU SAPIN...
CHARB.

LA FRANCE EN CENTRAFRIQUE
BON, ALORS, ON LES APPELLE COMMENT CES SALAUDS DE TUTSIS DANS VOTRE PAYS?
CHARB.

NOËL À BANGUI
RISS
LES MUSULMANS FERONT-ILS LA DINDE?

L'EUROPE ENVOIE DE L'AIDE
À LA FRANCE EN CENTRAFRIQUE
EUROMILLIONS
EUROMILLIONS
EUROMILLIONS
EUROMILLIONS
EUROMILLIONS
RISS.

MALI
OPÉRATION COMMANDO
ON CHERCHE DES TERRORISTES ?
NON, ON CHERCHE À FAIRE REMONTER HOLLANDE DANS LES SONDAGES
CHARB.

Mali : Aqmi revendique l'assassinat des 2 journalistes.
ILS POSAIENT TROP DE QUESTIONS !
TIGNOUS

VIOLENCES RELIGIEUSES
EN CENTRAFRIQUE
LA FRANCE ENVOIE LE PÈRE NOËL
RISS

L'ONU
ENVOIE DE L'AIDE
AUX JEUNES FILLES
ENLEVÉES PAR
BOKO HARAM
-RISS-

BOKO HARAM
MENACE
COCO.

BOKO
HARAM
...
...
..LIBÈRE
LA FEMME
-RISS-

BOKO HARAM SOUTIENT
LE MARIAGE POUR TOUS
FORCÉ ! LE MARIAGE FORCÉ POUR TOUS !
-RISS-

BOKO HARAM FAIT PASSER LE BAC À SES OTAGES
-RISS-

ENVOYONS DES ARMES AUX KURDES !
ET DES PANTALONS AUSSI...
CHARB.

BOKO HARAM : DSK SOLIDAIRE
BRING BACK OUR GIRLS
SOFITEL
cabu

AIR ALGÉRIE PERD UNE ÉTOILE AU MICHELIN
LES PLATEAUX REPAS SONT TROP CUITS
RISS-

KIM JONG-UN A FAIT EXÉCUTER SON ONCLE
LES NOËLS POURRIS EN FAMILLE, C'EST FINI, OK?
CHARB.

Corée du Nord : Remaniement du gouvernement
TIGNOUS

L'AMOUR EST DANS LE PRÉ
KIM-JONG-UN
A ASSASSINÉ
SA PETITE AMIE
cabu

LES HORREURS DE LA POLLUTION EN CHINE
ON NE PEUT PLUS FUSILLER LES CONDAMNÉS À MORT.
RISS

LA CHINE ABOLIT LES CAMPS DE RÉÉDUCATION
BIENVENUE À EULODISNEY
LUZ

UNE SONDE CHINOISE SUR LA LUNE
UN PETIT PAS POUR L'HOMME
UN GRAND PAS POUR LE PIB
RISS

SHARON EN ENFER
J'ANNEXE CE TERRITOIRE AU NOM D'ISRAËL !
CHARB

Sharon va rejoindre Arafat
Finalement, c'est fou comme on se ressemble !
HONORÉ

ISRAËL
SHARON PRIX NOBEL DE L'AGONIE
IL ÉTAIT TEMPS !
CHARB

ARAFAT N'EST PAS MORT ASSASSINÉ.
RISS.
IL LUI MANQUAIT JUSTE 5 FRUITS ET LÉGUMES PAR JOUR.

Mort d'Arafat
La piste de l'empoisonnement relancée.
LES VERS N'ONT PAS L'AIR EN BONNE SANTÉ !
TIGNOUS

QUEL AVENIR POUR NOS DJIHADISTES ?
VIGILE À CARREFOUR ?
pôle emploi
cabu

UNE ADOLESCENTE DE 14 ANS PARTIE EN SYRIE
BONJOUR, JE VIENS FAIRE LA FILLE AU PAIR
QUELLE PAIRE ?
LA TIENNE OU LA MIENNE ?
CHARB.

MOINS CHIANT QUE LE FOOT...
LE DJIHAD !
CHARB.

Irak :
Progression des djihadistes.
BRÉSIL 2014
TIGNOUS

POURQUOI DE + EN + DE JEUNES FRANÇAIS PARTENT EN SYRIE ?
PARCE QU'ICI ON RECONNAÎT MES COMPÉTENCES !
OH ! LE FRANKAOUI ! TU SAIS FAIRE LA CHÈVRE ?
CHARB.

NOS JEUNES QUI PARTENT TRAVAILLER À L'ÉTRANGER
C'EST LA FUITE DES CERVEAUX...
TANT PIS POUR VOUS...
CHARB.

L'AVANTAGE D'AVOIR DES PRENEURS D'OTAGES FRANCOPHONES
JE PEUX TE RACONTER LE DERNIER ÉPISODE DE "PLUS BELLE LA VIE"
CHARB.

IRAK:
HALTE À LA AL-QAÏDOPHOBIE!
CHARB.

IRAK: LES CIGOGNES SONT DE RETOUR
US AIR FORCE
US AIR FORCE
US AIR FORCE
US AIR FORCE
BAGDAD
RISS

GEORGE W. BUSH PEINTRE
KIKI
POUTINE
GUERRE D'IRAK

L'EUROPE DU POGNON!
L'EUROPE DES POGROMS!
VOUS AUREZ LES DEUX!
CHARB.

BILAN DE L'EUROPE 70 ANS APRÈS LA GUERRE
1 EURO
TICKET DE RATIONNEMENT POUR TOUT LE MONDE
-RISS-

EUROPÉENNES...
ENFIN UNE ÉLECTION OÙ ON PEUT SE LÂCHER!

EUROPÉENNES
L'EXTRÊME DROITE A REMPLI LES URNES
MUSÉE JUIF DE BRUXELLES
-RISS-

ÉLECTIONS EUROPÉENNES
SI TU VAS PAS VOTER, FAUT PAS PLEURER APRÈS!
1€ SVP
FÉLIX

CHARB.

HARCÈLEMENT

EUROPE N'EN PEUT PLUS !

DROIT À L'AVORTEMENT REMIS EN CAUSE EN ESPAGNE

LA GRÈCE N'EST PLUS À LA TRAINE
ON SUIT LE MODÈLE ALLEMAND ...
... DES ANNÉES 30
CATHERINE

LE SCANDALE DES NÉONAZIS GRECS !
ILS NE PAIENT PAS LA TVA SUR LES COUTEAUX DE BOUCHER
ILS NE PAIENT PAS LES IMPÔTS LOCAUX POUR LE NETTOYAGE DE LA VOIE PUBLIQUE
RISS.

Concours de mini-miss.
ACH, J'AI GAGNÉ !
Angela Merkel
TIGNOUS

RÉCHAUFFEMENT FRANCO-ALLEMAND
MERKEL REND À LA FRANCE LE DOIGT DE CAVANNA LAISSÉ EN 1943
RISS.

HOLLANDE CÉLÈBRE L'AMITIÉ FRANCO-ALLEMANDE
POUR UNE FOIS QUE JE PEUX AVOIR UN AMI
LUZ

UN VOTE OEDIPIEN
BAISEZ VOTRE MUTTI...
... ET VOUS REPEUPLEREZ L'ALLEMAGNE !
CATHERINE

8 INDIENNES SUR 10 NE CONNAISSENT PAS LEUR ÉPOUX AVANT LE MARIAGE
ET APRÈS ON NE LE VOIT PAS BEAUCOUP...
CHARB.

LE QATAR MALTRAITE LES IMMIGRÉS DES CHANTIERS DE LA COUPE DU MONDE
DESCENDS DE LÀ, MACAQUE.
ENTRÉE STADE
RISS

CHINE
DU RENARD DANS DE LA VIANDE D'ÂNE...
LE BOEUF RENTRAIT PAS...
CHARB.

LA NSA ÉCOUTE ENCORE LA FRANCE !
UNE CERTAINE LEONARDA VIENDRAIT DE PRENDRE LE POUVOIR EN FRANCE...
CHARB.

L'IRAN S'ADOUCIT...
"ISRAËL EST VOUÉE À LA DISPARITION !"
C'EST JUSTE UNE BASE DE TRAVAIL...
CHARB.

800 SQUELETTES DE BÉBÉS DÉCOUVERTS DANS UN COUVENT
LES PRÊTRES ONT LA PÉDOPHILIE, QU'ON NOUS LAISSE LES INFANTICIDES !
CHARB.

Aide Humanitaire
DIEU N'EXISTE PAS
DIEU N'EXISTE PAS
DIEU N'EXISTE PAS
DIEU N'EXISTE PAS
DIEU N'EXISTE PAS
Foolz

GAZA
MAIS OUI, MAIS OUI, L'ÉCOLE EST FINIE...
UNWRA
CHARB.

ISRAËL BOMBARDE LE LIBAN
AVEC DES QUENELLES
CHARB.

HOLLANDE MENACE ISRAËL
J'INTERDIS LA REDIFFUSION DE RABBI JACOB!
LUZ

BOMBARDEMENTS SUR GAZA
ISRAËL PRÉVIENT D'AVANCE LA POPULATION
VOUS ÊTES ICI
RISS

LA PALESTINE A 2 PROBLÈMES
SES ENNEMIS, LÀ-BAS
SES AMIS, ICI
ISRAËL VAINCRA!
PSG
MORT AUX JUIFS!
CHARB.

ESCALADE DE LA VIOLENCE
PUTAIN, ÇA GRIMPE!
CHARB.

ISRAËL PRÉVIENT SES CIBLES
D'ABORD UN TEXTO ...
BOUM
LUZ

ISRAËL FRAPPE UNE ÉCOLE
ON A CONSTRUIT UN CENTRE AÉRÉ, NUANCE !
GAZA
LUZ

GAZA
PENSEZ AUX FOURNITURES SCOLAIRES DÈS MAINTENANT !
PAPA, FAUT M'ACHETER DES JAMBES !
ENCORE !
CHARB.

NOUVEAUX RYTHMES SCOLAIRES À GAZA
BOMBES À 9 HEURES 12 HEURES 17 HEURES
RISS

un chef du Hamas échappe à une attaque israélienne :
bon allez, c'est mon tour de vaisselle.

TRÊVE À GAZA
LUZ

LA VIE REPREND À GAZA
ATTENDS 3 HEURES APRÈS LE REPAS AVANT DE TE BAIGNER.
RISS

PENDANT LES BOMBARDEMENTS
LA COLONISATION CONTINUE...
cabu

NE NOUS LAISSONS PAS ATTENDRIR !
CACHE D'ARMES DU HAMAS !
LE COL DE L'UTÉRUS SEMBLE DILATÉ, UNE ROQUETTE VA PARTIR !
CHARB.

FAUT QUE ÇA REDÉMARRE !
EUROPE
cabu

LE DJIHAD
TRANQUILLE

POUR UNE RENTRÉE DES CLASSES VRAIMENT LAÏQUE
HÉHO ! Y A PAS MARQUÉ CIVITAS !
TU ME COPIERAS 100 FOIS "NI DIEU, NI MAÎTRE"
LIBERTÉ · ÉGALITÉ · FRATERNITÉ Saint Pie X
Collège du chevalier de la Barre
PREMIÈRE LEÇON D'UKRAINIEN...
QUE LISEZ-VOUS ?
FEMEN
HEU... "MAMAN, T'ES LA PLUS BELLE DES MAMANS" ?
DEHORS !
L'Homme descend du... ?
JE VOUS DONNE UN INDICE : IL A LE CUL TOUT ROUGE.
LE PAPE FRANÇOIS ?
AFIN D'ÉVITER DE HEURTER LES SENSIBILITÉS DE CHACUN, VOUS MANGEREZ TOUS LES JOURS DE LA SCIURE...
MÊME LE VENDREDI ?
T'ES HINDOUE ?
NAN, J'AI DE L'ACNOU !
DÉSOLÉ, MONSIEUR MAHOMET, C'EST DEMAIN LA RÉU DE PARENTS D'ÉLÈVES !
INTERRO SURPRISE ! SORTEZ VOS BIBLES, CORANS ET TORAHS, ET BRÛLEZ-LES !
VOUS N'AVEZ CLAIREMENT PAS RÉVISÉ VOTRE "CHARLIE HEBDO" DE LA SEMAINE !
Cours de caricature de Mahomet
N'OUBLIEZ PAS QUE CELA COMPTE AU BAC COEFFICIENT 12 !
IL Y A TROP DE BARBUS DANS CE COLLÈGE...
JE VOUS JURE, MONSIEUR, JE LUI VENDAIS DU SHIT, PAS DES HOSTIES !
VA POUR CETTE FOIS.
MOSHE, DISQUALIFIÉ !
C'EST UN COURS DE DISSECTION DE GRENOUILLES, PAS DE CRUCIFIXION, JEAN-ÉDOUARD !
HEU, CE SONT LES REPRÉSENTANTS DU SYNDICAT FSU, MONSIEUR LE MINISTRE !
NIQUE TA MARIE MADELEINE
Salle des Profs
Ta Mère la pute l'immaculée conception la Frigide Barjot
LÀ ! C'EST MIEUX
COÂ
NÉANT
J'PEUX PAS, ELLE EST PAS HALAL !
JE VOUS AI DEMANDÉ UN MOT DES PARENTS, PAS DU SAINT-ESPRIT !
LUZ

UNE ÉCOLE SANS DIEU

LES DIVORCÉES POURRONT COMMUNIER
MON DIEU, PARDONNEZ À CES MANGEUSES DE BITES
cabu

LE PAPE S'EXCUSE
AU NOM DE TOUS LES PRÊTRES VICTIMES D'ENFANTS GÉRONTOPHILES !
LUZ

LE PAPE A ÉTÉ VIDEUR DE BOÎTE DE NUIT DANS SA JEUNESSE
C'EST PAS UNE BOÎTE POUR TARLOUZES À PIERCINGS !
CHARB.

RETOUR D'AFFECTION
PAPE FRANÇOIS
VOUS PROMET MISÉRICORDE
POUR LES HOMOSEXUELS
ET LES FEMMES DIVORCÉES
LE PAPE FRANÇOIS RATISSE LARGE
cabu

DIEU EST AMOUR
AVEC DES PÉDOPHILES AUTOUR

LE MESSAGE DE SYMPATHIE DU PAPE AUX HOMOS
LES PÉDÉS, ON LES ENCULE !

LE PAPE A 10 MILLIONS DE FOLLOWERS SUR TWITTER
DÉTACHEZ-MOI QUE JE RETWEETE !

JEAN XXIII
JEAN-PAUL II
OUI AU MARIAGE DES PRÊTRES !
cabu

VALLS AU VATICAN :
ENCORE UN DJIHADISTE FRANCAIS EN CROISADE À L'ÉTRANGER
RISS.

URBI & ORBI…
…JE BANDE !
cabu

FAUT-IL S'ATTAQUER AUX CLIENTS OU AUX SOUTENEURS
cabu

NOËL & INTÉGRATION
ON A DIT : PAS DE SIGNES RELIGIEUX !
COCO.

Le Pape François contre l'IVG
La fille aînée
de l'Église, une
avorteuse !
HONORÉ

LE PAPE PACIFISTE...
SANS
COUILLES !
LES AUMÔNIERS MILITAIRES MÉCONTENTS
cabu

PAPE
OÙ T'ES
PAPE
OÙ T'ES
cabu

LE PAPE LANCE UNE
CROISADE
RECONQUÉRONS
L'UTÉRUS DES
FEMMES !
CHARB.

FINI LES FILMS DE SUPER-HÉROS, LE FILON EST ÉPUISÉ.
LA NOUVELLE TENDANCE AU CINÉMA : LES FILMS DE SUPER-HÉROS TIRÉS DE TEXTES RELIGIEUX. ÇA COMMENCE AVEC NOÉ ET LE DÉLUGE...
BRICORAMA
NOÉ
SALOMON ROI DU GAG
MAMAN J'AI RÉTRÉCI TON GOSSE !
ABRAHAM
AU NOM DU PÈRE, DU FILS ET DU COUTEAU À HUÎTRES
AVEC FRANCIS HEAULME
GABRIEL
L'ARCHANGE DE CES DAMES
AVEC TOM CRUISE
UN PETIT COUP D'ARROSOIR SUR LES OVAIRES ET C'EST REPARTI !
ADAM et EVE
AU SOFITEL DE NEW YORK
SAMSON
COUPE LES CHEVEUX EN QUATRE
AVEC ARNOLD SCHWARZENEGGER
DAVID et GOLIATH
Font leur coming out
FILMÉ EN 3D
MOÏSE
MOUILLE LE MAILLOT
AQUABOULEVARD
LE DERNIER TANGO à SODOME et GOMORRHE
BEURRE
BEURRE
MATHUSALEM
969 ANS
PRENDS TA RETRAITE ET TIRE-TOI !
RISS

Procès de jeunes djihadistes.
MIEUX VAUT FINIR COMME ÇA
QUE COMME ÇA
TIGNOUS

70 VIERGES MUSULMANES
70 VIERGES ATHÉES
CATHERINE

FAUT-IL ÉTOURDIR LES ENFANTS AVANT DE LES CIRCONCIRE ?
PRÊT ?
CHARB.

Dix imams à Rome.
SALUT, ON EST LES FILS DE MELCHIOR !
TIGNOUS

PROCLAMATION DU CALIFAT ISLAMIQUE
VA FALLOIR PENSER À AVOIR UNE ÉQUIPE DE FOOT !
CHARB.

CHANGEMENT DES DRAPS
ATTENTION DE NE PAS VOUS CONFONDRE AVEC LE DRAP HOUSSE.
et merde!
JOURNÉE TYPE D'UNE DJIHADISTE SEXUELLE
ÉPILATION. À LA CIRE ? TROP PROBLÉMATIQUE.
VOUS N'ALLEZ TOUT DE MÊME PAS VOUS RETROUVER À CIRER LE PARQUET ! VOUS ÊTES UNE FEMME LIBÉRÉE, OUI OU NON ?
PRÉFÉREZ L'ÉPILATION AUX CISEAUX :
PUBIS
RAIE
AISSELLES
PRIÈRE TOURNÉE VERS LA MÈRE MECQUERELLE
RÉPÉTITION DES POSITIONS
1. LA KALACHNIKOV
2. LA COCOTTE-MINUTE DE BOSTON
3. LE DROMADAIRE
SE DÉTENDRE
JE PEUX PAS J'AI MES RÈGLES !
ET ALORS ?
KBAM
FORCER SUR L'ORGASME
ALLAH (SONNER FORT)
7e CIEL
6e CIEL
5e CIEL
4e CIEL
OUIIIII
CATHERINE

DES JEUNES DJIHADISTES FRANÇAIS EN SYRIE
ON SE FAIT QUAND MÊME MOINS CHIER ICI QU'EN BAS DE NOTRE HLM !
UNE SÉPA !
CHARB.

les djihadistes quittent la France comme des cons.
ET ON REVIENT BARDÉS DE DIPLÔMES !
TIGNOUS

CES ADOS CANDIDATS AU DJIHAD..
BONJOUR, ON VIENT SE FAIRE SAUTER..
ON VOUS A ENSEIGNÉ LA THÉORIE DU GENRE !
CHARB.

PROSÉLYTISME FONDAMENTALISTE EN PRISON...
TOUT D'ABORD, UN PETIT LAVAGE DE CERVEAU...
LUZ

DJIHAD : LA FRANCE VIGILANTE
OUI, JE VAIS FAIRE DU TERRORISME, MAIS DU TERRORISME HUMANITAIRE !
POLICE
AH, OK ! C'EST BON...
CHARB.

les djihadistes formés en prison.
QUE DES HOMMES ENSEMBLE ET UN MINARET, ON EST À LA MOSQUÉE.
TIGNOUS

ERASMUS
RIEN POUR LA SYRIE ? C'EST BON, JE DÉTOURNERAI UN AVION...
N'EMMÈNE PAS ÇA ! TU VAS AVOIR UN EXCÉDENT BAGAGE !
cabu
VOUS ÉTIEZ EN TERMINALE DANS LE "93" ?... BON ! CORVÉE DE CHIOTTES !

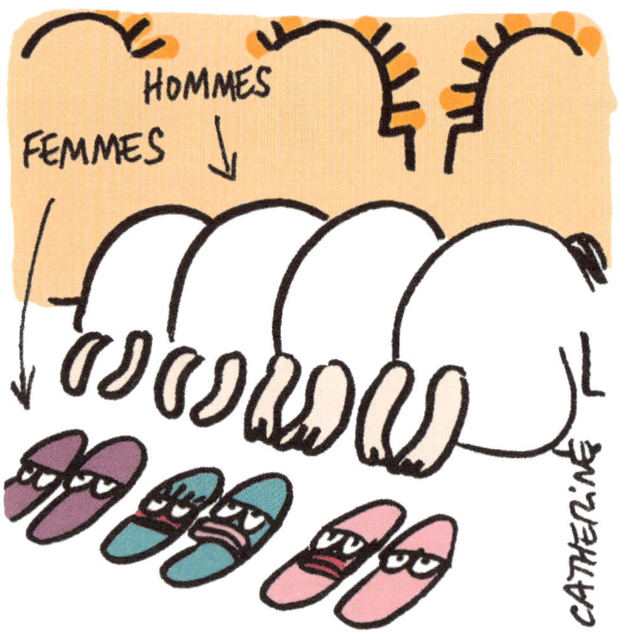
HOMMES
FEMMES
CATHERINE

LA PÉTOCHE
TRANQUILLE

La fin des cartables trop lourds.
ÉCOLE
DÉGAGE !
TIGNOUS

L'ÉCOLE EN DANGER !
MIGNONNE, ALLONS VOIR SI LA ROSE...
-RISS-

NOUVEAUX CHANGEMENTS DANS LES RYTHMES SCOLAIRES
SI C'EST DANS L'INTÉRÊT DE L'ENFANT
CHARB.

LES NOUVEAUX RYTHMES SCOLAIRES
...ÇA ME PERTURBE
Cabu

DE NOUVELLES ÉCOLES DE FORMATION POUR LES PROFS
bon
pas bon
CATHERINE

DANGER
théorie du genre
MÉTHODE GLOBANALE OU SYLLABITE ?
CATHERINE

NOUVEAUX RYTHMES SCOLAIRES
DEMAIN, J'AI DJIHAD !
T'AS DU BOL, J'AI MATHS !
LUZ (d'après ZEP)

57 % DES FRANÇAIS POUR L'ARMÉE À MARSEILLE
OUAIS ? QUOI ?
RIEN
CHARB.

POUR EN FINIR AVEC LES RETRAITÉS
D'ABORD, LA RETRAITE, IL FAUDRA ALLER LA CHERCHER À SAINT-JACQUES-DE-COMPOSTELLE...
ENSUITE, MOUROIRS OBLIGATOIRES AU MAROC...
ICI, PAS DE TAXES FONCIÈRES
PARCE QU'À LA FIN, VOUS COÛTEZ CHER, LES VIEUX...
COMME C'EST GENTIL, UN CANAPÉ TRANSFORMABLE!
cabu

ILS FONT TOUS...
cabu
...LA QUENELLE!

COUPES BUDGÉTAIRES DANS L'ARMÉE
VOUS N'AUREZ PLUS BESOIN DE ÇA!
OUF! C'ÉTAIT CHIANT À ENTRETENIR...
CHARB.

DES CASERNES FERMENT
MOI, JE VOULAIS TRAVAILLER LE DIMANCHE!
cabu

CASTORAMA EST FERMÉ!
ON VA ÊTRE OBLIGÉS DE T'ENCULER
LUZ

NON À LA casto PHOBIE!
PLANTER DES CLOUS EST UN DROIT DE L'HOMME!
CHARB.

OUVREZ LE DIMANCHE!
... POUR ACHETER UN PIÈGE À ROMS!
cabu

ILS VEULENT ROMISER LA FRANCE!
ALLONS JUSQU'AU BOUT DU DÉLIRE ANTI-ROMS!
ILS PRIENT LEUR IDOLE DANS LA RUE!
ILS IMPOSENT LEURS MENUS DANS LES CANTINES SCOLAIRES!
ENCORE DU HÉRISSON
ILS TERRORISENT LES HONNÊTES GENS!
J'AI RENONCÉ À SORTIR AVEC UNE POULE, ILS ME LA VOLENT À CHAQUE FOIS!
PAREIL!
ILS DICTENT NOTRE MODE DE VIE!
VA TE SALIR LES MAINS AVANT DE PASSER À TABLE!
ILS IMPOSENT LEUR ARCHITECTURE!
mairie
ÇA SUFFIT!
CHARB.

QUAND RESPECTERA-T-ON LES ROMS?
QUAND ON POSERA DES BOMBES...
CHARB.

FRANCE : LE PAYS AUX
65 MILLIONS DE CHASSEURS
RISS

VOLEURS, PROFITEURS, MENTEURS
LES ROMS
TOUTES LES QUALITÉS POUR S'INTÉGRER À L'UMP.
UMP
RISS

TU VEUX PRENDRE 1 POINT DANS LES SONDAGES?
CHIE SUR UN ROM!
CHARB.

UNE ENFANT ROM MEURT DANS L'INCENDIE DE SON CAMPEMENT
Y EN A MARRE DE CES ROMS QUI RÉCHAUFFENT LE CLIMAT DE NOTRE PLANÈTE.
RISS.

QUI NOUS DÉFENDRA CONTRE LE RACISME ANTI-ROM ?!
VOYONS! Y A PLUS DE RACISME DANS CE PAYS, IL N'Y A PLUS QUE DES PHOBIES...
CHARB.

LE PÉRIL ROM
ILS VIENNENT VOLER LES SOURCILS DES FRANÇAIS
CHARB.

NAJAT VALLAUD-BELKACEM:
« L'AFFAIRE LEONARDA EST [...] DERRIÈRE NOUS »
J'AI TROUVÉ UN BON BOULOT AU KOSOVO.
RISS.

BONNETS ROUGES

UNISSEZ

DE TOUS LES PAYS VOUS !

COMMENT FAIRE ENTRER LES FEMMES AU PANTHÉON?

APRÈS LA JOURNÉE DE LA JUPE AU LYCÉE

LA JOURNÉE DU TAMPON

GPA = GROSSESSE POUR ABJECTS
ALORS ! ELLE LE POND, NOTRE GOSSE, Mme BAMBOULA !
CHARB.

McDO met en garde son personnel sur les dangers de la nourriture fast-food.
C'est de la merde !
HONORÉ

LES PÉDOPHILES REVENDENT DÉJÀ LEURS CADEAUX SUR LE NET
J'EN VOULAIS UN QUI DIT «PAPA» PAS «MAMAN»
ebay
RISS.

UN ESPOIR CONTRE LA DÉSERTIFICATION MÉDICALE
DITES «GROUIK GROUIK»
RISS.

CHAMPS-ÉLYSÉES
MARIONNAUD RÉ-OUVRE JUSQU'À MINUIT
ÇA, C'EST PARIS !
CHARB.

ON N'A PLUS DE PUTES
HEUREUSEMENT IL NOUS RESTE MISS FRANCE
MISS FRANCE
RISS.

PÉNALISATION DES CLIENTS
PÉTITION DE DÉPUTÉS CONTRE LA LOI...
J'AI SIGNÉ LA PÉTITION, TU ME FAIS UN PRIX?
CHARB.

LOI ANTIPROSTITUTION
C'EST DÉLIRANT! BIENTÔT, IL FAUDRA ÊTRE AMOUREUX POUR TIRER UN COUP!
SI ÇA ARRIVE, JE PRENDRAI PLUS CHER, C'EST TOUT...
CHARB.

PÉNALISATION DES CLIENTS : VOTÉE
...ET LA JEUNESSE QUITTE LA FRANCE!
cabu

ENFIN!
2014 L'ANNÉE DE LA PÉNALISATION DES CLIENTS !
CHARB.

PROMOTION SOCIALE
ET TU FAISAIS QUOI AVANT ?
JE VENDAIS DE L'ANDOUILLETTE CHEZ LECLERC
CHARB.

POUR CONTOURNER LA LOI DÉGUISEZ VOS PUTES !
C'EST COMBIEN POUR ALLER SUR L'ÎLE AUX ENFANTS ?
RISS

L'ANGOISSE DES FRANÇAIS
VA-T-ON MANQUER DE PUTES À NOËL ?
CHARB.

héroïque : le PDG de Peugeot renonce à sa retraite chapeau.
moi j'pourrais pas.

ET LA CROISSANCE, BORDEL !
NULLE...
LAISSE-MOI ENCORE UN TRIMESTRE...
CHARB.

QUEL PROJET POUR LA FRANCE ?
LES RESTOS DU CŒUR...
CHARB.

LES TONTONS CHÔMEURS
Y A DE LA POMME.
MAIS Y A QUE DE LA POMME.
RISS

LA 4G ARRIVE
ONDES CANCÉRIGÈNES À PARTIR DE 9,99 € !
CATHERINE

PROSTITUTION
FAUT-IL PÉNALISER LES ARBRES DU BOIS DE BOULOGNE ?
CHARB.

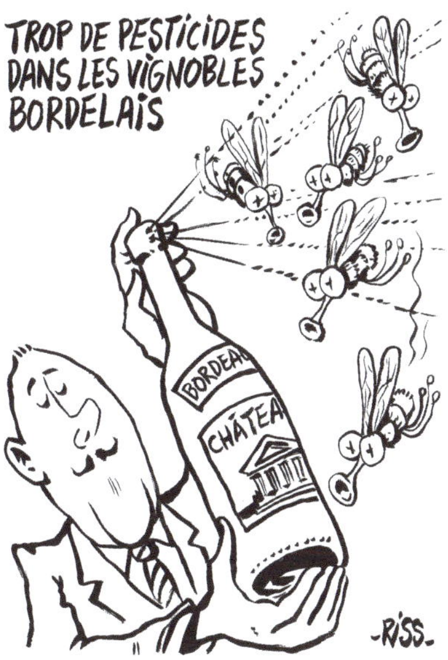
TROP DE PESTICIDES DANS LES VIGNOBLES BORDELAIS
BORDEAU
CHÂTEA
RISS

RACISME
LE RACISME EN FRANCE EST MONOPOLISÉ PAR LES AIGRIS, LES HAINEUX, LES SALAUDS, ALORS QUE PARTOUT DANS LE MONDE LES RACISTES SONT DES GENS BIEN.
EN FRANCE, LES RACISTES HAÏSSENT CEUX QUI NE SONT PAS COMME EUX !
DANS LES PAYS ANGLO-SAXONS, LES RACISTES SONT SYMPAS, CROYANTS, COMME IL FAUT, DISTINGUÉS, RESPECTABLES.
LE FRANÇAIS S'EST FAIT ROMANISER, ENJUIVER, ITALIANISER, POLONISER, ARABISER, QUATARISER...
LES ANGLAIS N'ONT PAS EU BESOIN D'UNE EXTRÊME DROITE POUR COLONISER MILITAIREMENT DES MYRIADES DE BASANÉS, QU'ILS ONT, AVEC ÉLÉGANCE, TRAITÉS COMME DES SOUS-MERDES !
EN FRANCE, ON DÉTESTE LES MÉPRISABLES !
RETRANCHÉS DANS DES CLUBS, LES ENGLICHES BUVAIENT DU THÉ, LE PETIT DOIGT EN L'AIR, SANS JAMAIS SE PRÉOCCUPER DE CE QU'ON APPELLE STUPIDEMENT CHEZ NOUS : « L'INTÉGRATION ».
IL FAUT DÉSINTÉGRER L'INTÉGRATION !
AUX ÉTATS-UNIS, LES ANCIENS ESCLAVES DEVIENNENT TROMPETTISTES, FLICS, CONDAMNÉS À MORT, PRÉSIDENTS, ILS NE GÊNENT PAS L'IMMIGRÉ IRLANDAIS, OU HOLLANDAIS, QUI FONT DU BISENESS, ET DU POGNON.
MA FILLE EST PACSÉE AVEC UN MALIEN. ELLE PORTE LE VOILE...
LE FRANÇAIS S'EST TOUJOURS MÉLANGÉ. L'ANGLO-SAXON EST BLANC, ROSE, PURITAIN. IL CHANTE : « GOD SAVE OUR GRACIOUS KING, LONG LIVE OUR NOBLE QUEEN.. »
...ÇA VAUT MIEUX POUR ELLE, ELLE EST ASSEZ MOCHE !
WOLINSKI

L'ACTUALITÉ RÊVÉE DE 2014

TAXI: LA PROFESSION QUI TRANSFORME L'IMMIGRÉ EN BON FRANÇAIS
DÉGAGE! JE PRENDS PAS LES BOUGNOULES!
TAXI
CV612B
CHARB.

APRÈS LES RAMES...
LE SCANDALE DES CONTRÔLEURS TROP LARGES
SNCF
CHARB.

LES FRANÇAIS EN ONT MARRE!
J'EN AI MARRE!
DE QUOI?
DE TOUT!
J'EN AI MARRE DE CEUX QUI SONT AU POUVOIR ET DE CEUX QUI RÊVENT DE PRENDRE LEUR PLACE. J'EN AI MARRE DE CEUX QUI SE CROIENT MALINS. VIVE LES CONS!
ARRÊTE TES CONNERIES!
QUAND ON REGARDE CE QUE LES GENS INTELLIGENTS ONT FAIT DU MONDE, ON SE DIT QUE SEULE LA CONNERIE A DE L'AVENIR.
JE CROIS QU'ON A BESOIN DE VACANCES.
CEUX QUI NE COMPRENNENT RIEN À RIEN ONT DE LA CHANCE. ILS CROIENT QUE DIEU A CRÉÉ LE MONDE. ILS NE SAVENT PAS QUE L'UNIVERS EXISTE GRÂCE À LA COLLISION DE DEUX TROUS NOIRS QUI ONT PROVOQUÉ UN BIG BANG. J'AI LU ÇA DANS "LE FIGARO".
JE RÊVE D'ALLER À LA MONTAGNE, RESPIRER L'AIR PUR.
PAF!
CE QUI COMPTE, C'EST CE QUI N'A AUCUNE IMPORTANCE, MAIS QUI FAIT LA UNE DANS LES QUOTIDIENS. UN AVION DISPARAÎT, CHOPÉ PAR DES EXTRATERRESTRES. LA CRIMÉE DISPARAÎT, CHOPÉE PAR POUTINE. LE PACTE DE RESPONSABILITÉ DISPARAÎT, CHOPÉ PAR LA CGT. QU'EST-CE QU'ON MANGE CE SOIR, MON ANGE?
DES GNOCCHIS AU PARMESAN ET UN GRATIN DE BLETTES. ÇA TE VA?
SUPER!
WOLINSKI

L'IDIOT DU VILLAGE
SE REPRÉSENTE
1
MON BILAN PARLE POUR MOI !
cabu

JE VOTE, JE RAMASSE.
VOTEZ KIKI
LUZ

ÉLECTIONS
VICTOIRE DU PARTI
ON·SE·GRATTE·LES·COUILLES
EN·REGARDANT·LA·TÉLÉ·ET
EN·BUVANT·UNE·BIÈRE
CHARB.

1
MON MAIRE EST UN CON
Votez pour un IMBÉCILE
Le changement
LUZ

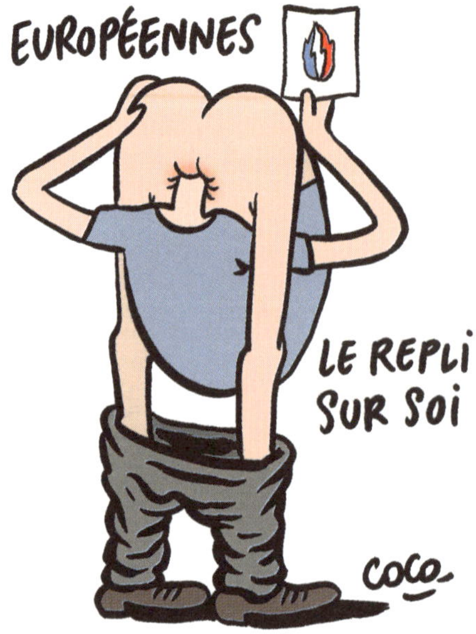
EUROPÉENNES
LE REPLI SUR SOI
COCO

FRANCIS HEAULME DÉÇU
JE N'AI PAS ÉTÉ ÉLU À LA MAIRIE DE MONTIGNY-LÈS-METZ.
RISS

CORSE
IL FAUDRA RÉSIDER 5 ANS POUR POUVOIR ACHETER
C'EST BON, MEC! ÇA FAIT 5 ANS QUE TU ES LÀ, TU PEUX ACHETER!
CHARB.

LES CONS EN COLÈRE
ABSTENTIO
LUZ

LE PEUPLE FRANÇAIS A PARLÉ
1940
2014
ÉLECTIONS EUROPÉEN
RÉSISTER? POUR QUOI FAIRE?
ALLER VOTER? POUR QUOI FAIRE?
RISS

le FLNC a déposé les armes.
GENDARMERIE
ici! ... COMME D'HAB'
TIGNOUS

INCIDENT SANS GRAVITÉ
À LA CENTRALE NUCLÉAIRE
DE FESSENHEIM
LES COCOTTE-MINUTE DE 40 ANS PEUVENT TENIR ENCORE 20 ANS.
RISS

POUR UNE FOIS QU'ON NE VOIT AUCUN PARISIEN FAIRE LA GUEULE...
LUZ

OÙ PEUT-ON ENFOUIR LÉGALEMENT DES DÉCHETS TOXIQUES?
DANS LES POUMONS PARISIENS!
FÉLIX

diagnostic rassurant sur l'état de nos centrales :
elles passeront l'été.

Selon l'OMS :
La pollution de l'air extérieur est cancérigène.
SORTIR
TUE
TIGNOUS

RAPPORT ALARMANT SUR LE CLIMAT
RAPPORT
ILS NE DISENT PAS SI ÇA VA FAIRE BAISSER NOTRE TAXE FONCIÈRE.
RISS

POUSSÉE RÉGIONALISTE
LA BRETAGNE AUX BRETONS !
QUI D'AUTRE EN VOUDRAIT ?!
CHARB.

PROTÉGEONS NOS ENFANTS
RISS
NON À LA RÉUNIFICATION DE LA BRETAGNE

SUPPRESSION DE L'ÉCOTAXE
LES BONNETS ROUGES JAMAIS CONTENTS
ON VEUT LE SOLEIL GRATUIT
LUZ

DU MIEUX POUR LES VIEUX
HIER
AUJOURD'HUI
INSPECTEUR DERRICK
RISS

VACANCES PAS CHÈRES
Camping DJIHAD
Y A DES ANIMATIONS ?
CHARB.

L'ESCROQUERIE DES RESTOS « FAIT MAISON »
PLONGEUR PAKISTANAIS
CUISTOT SRI-LANKAIS
SERVEUR SÉNÉGALAIS
RISS

Les français souffrent de la solitude.
ILS DEVRAIENT VENIR ICI !
TIGNOUS

C'EST L'ÉTÉ
ON VEUT DU CUL !
PAS DES OBUS !
RISS

AMOUR D'ÉTÉ
LES FRANÇAIS PRUDENTS AVEC EBOLA
ON MET DES CAPOTES !
RISS

ARNAQUES DE L'ÉTÉ
Menu
EBOLA
"Fait maison"
LUZ

298 CORPS DISPERSÉS SUR 15 KILOMÈTRES !
AVION ABATTU
BEN DIS DONC, ILS SONT MOINS SERRÉS QUE NOUS, SUR LEUR PLAGE !...
cabu

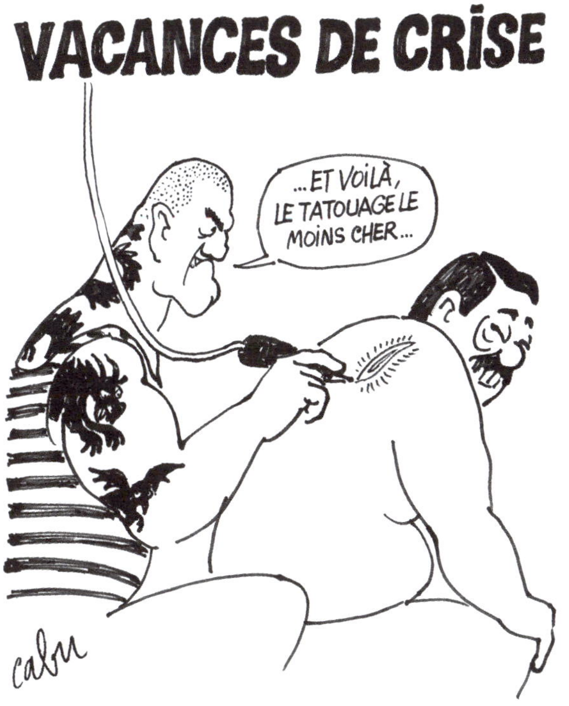
VACANCES DE CRISE
...ET VOILÀ, LE TATOUAGE LE MOINS CHER...
cabu

LE MORAL DES FRANÇAIS REMONTE
ON N'EST PAS DEDANS.
RISS

"PLUS BELLE LA VIE"
EN GRÈVE
CHARB.

CAVANNA SPÉCIAL PÈRE-LACHAISE

CHARLIE HEBDO

5 FÉVRIER 2014 / N° 1129 / 3 €

www.charliehebdo.fr

N° 1129 ▸ FRANCE MÉTROPOLITAINE : 3€ - BEL/LUX : 3,30€ - ALLEMAGNE : 4€ - AND : 3€ - ESP/PORT. CONT. : 3,50€ - DOM/A : 4€ - MAY : 4,20€ - CH : 4,80 FS - CAN : 5,99 $C - NCAL/A : 700 F CFP - POL/S : 700 F CFP - TUNISIE : 5,9

L 14057 - 1129 S - F: 3,00 €

Mignonne, allons voir si les cendres...
LES OBSÈQUES DE CAVANNA
Les Siné et les Charlie réunis pour la première fois, plus de la musique Italienne pour l'ambiance, ça faisait un peu enterrement du Parrain. Quand la musique change pour "La Prière" de Georges Brassens, en entendant : "JE VOUS SALUE MARIE" Cabu sourit
Gérard Decrambe, l'ami bordelais et viticulteur bio d'"Hara-Kiri" est là. « IL M'A QUAND MÊME FAIT LEVER À 5 H, CE CON DE CAVANNA ! »
« JE SUIS PRATIQUEMENT NÉ AVEC LA MOUSTACHE »
Laurent et Jérôme, fils de Cavanna
« TU NOUS AVAIS PROPOSÉ DE JETER TON CORPS AUX CHIENS »
« J'ESPÈRE QUE TU NE M'AURAS PAS TRANSMIS TA MALADIE DE PARKINSON »
« ON N'A PAS EU DES PAPAS FACILES » Michèle Bernier, fille de Choron.
"Il a écrit, "À MON FILS JÉRÔME, C'EST POUR TE NOURRIR QUE J'AI ÉCRIT TOUTES CES CONNERIES !""
« JE SUIS UN LECTEUR, UN LECTEUR ANONYME »
« UN JOUR, MON PÈRE M'A DIT "TIENS, Y A UN JOURNAL POUR TOI !... IL EST BÊTE ET MÉCHANT !" »
Crémation de Cavanna.
POUR UN ÉCOLO, BONJOUR LE BILAN CARBONE !
CRÉMATORIUM
Bribes d'interventions en vrac.
« AU PROCHAIN CONSEIL MUNICIPAL, JE PROPOSERAI QUE FRANÇOIS CAVANNA SOIT ÉLEVÉ AU RANG DE CITOYEN D'HONNEUR » Jacques Martin, maire UMP qui a fait ériger une statue à l'effigie de Carla Bruni dans "sa" ville de Nogent-sur-Marne.
« LA CHANSON ÉCRITE PAR CAVANNA N'EST JAMAIS PASSÉE À LA RADIO (...) JE SUIS FIER D'ÊTRE LE SEUL À AVOIR CHANTÉ DU CAVANNA » Marcel Amont
« Siné sort une feuille de sa poche. « J'AI UN PENSE-BÊTE ..., ET MÉCHANT ! (...) MON VOEU AURAIT ÉTÉ QU'ON SOIT IMMORTELS AVEC CAVANNA AFIN QU'ON PUISSE FAIRE CHIER TOUT CEUX QU'ON DÉTESTE ! »
« DIEU N'EXISTE PAS, CAVANNA, SI !! » Charb.
« ON A DÉBUTÉ ENSEMBLE DANS LE DESSIN, J'AURAIS DÛ LE SUIVRE. » Gondot
Denis Robert cite Cavanna "(...) JE SAIS TROUVER LA GRANDE OURSE, MAIS PAS LA PETITE ! »
Delfeil de Ton
« ALLEZ, SALUT MON CAVANNA. » la petite Virginie
« CAVANNA, LE PRÉSIDENT, LUI-MÊME, TE FÉLICITE AUJOURD'HUI D'AVOIR SECOUÉ LA FRANCE, ÇA, TU L'AS SECOUÉE ! »
CLAP CLAP CLAP CLAP CLAP CLAP CLAP CLAP CLAP CLAP CLAP CLAP
Départ de Cavanna.
« ON EST PRESQUE TOUS HABILLÉS EN NOIR » « BAH, ON EST TOUJOURS HABILLÉS EN NOIR ! »
Pendant la crémation : « ÇA NE SENT PAS LA MOUSTACHE GRILLÉE ! »
HA HA HA T'ES CON !!
Il faisait froid à l'intérieur, ces cons n'ont allumé le feu que quand on est sortis.
6/2/14 Crématorium du Père-Lachaise.
Le 9/2/14, j'apprends de la bouche de mon ami JY le décès de BARBE, mon ami aussi. Il avait travaillé avec Cavanna, ils avaient même fait un livre ensemble, "JE T'AIME". « Si j'étais Barbe, je sais ce que je ferais : je ferais ce que fait Barbe. Oui, mais je ne suis pas Barbe... » Cavanna.
TIGNOUS

CAVANNA RASSURÉ
LA MORT A UN JOLI PETIT CUL !
CATHERINE

« CHARLIE HEBDO » PERD SON TRIPLE A
FÉLIX

SES DERNIERS MOTS…
J'AI UNE IDÉE, POUR LA COUV'
LUZ

DEUIL NATIONAL
UNE MINUTE DE MOUSTACHE
COCO.

MADAME PARKINSON, CHOQUÉE :
IL M'A MIS LA MAIN AU CUL AVANT DE MOURIR !
CATHERINE

La nouvelle muse de Cavanna.
ENCORE PLUS MINCE QUE LA PETITE VIRGINIE !
VIGNOUS

!
!

DÉGAGE, SALE VIEUX !

ATHÉE DJIHAD
CRÈVENT LES CURÉS
BOUM
... LES IMAMS
... ET LES RABBINS !

CAVANNA
ÉTERNEL AMI DES BÊTES
IL M'A LÉGUÉ SON FÉMUR.

LES CENDRES DE CAVANNA DISPERSÉES
... SUR LES CONS
MANIF POUR TOUS
Printemps Français
UN PAPA UNE MAMAN
FN

PEUT-ON MOURIR DE TOUT
OUI

Cavanna finit comme Choron.
CHAUVE !

Hommage à Cavanna : tous les cons sont dans la rue !
c'était la moindre des choses
TOUCHE PAS À MON GENRE
NON À L'IVG

MORT AUX CONS VIVANTS

CAVANNA EST MORT...
ÇA VA FALLOIR LE PROUVER, MON CON !
CHARB.

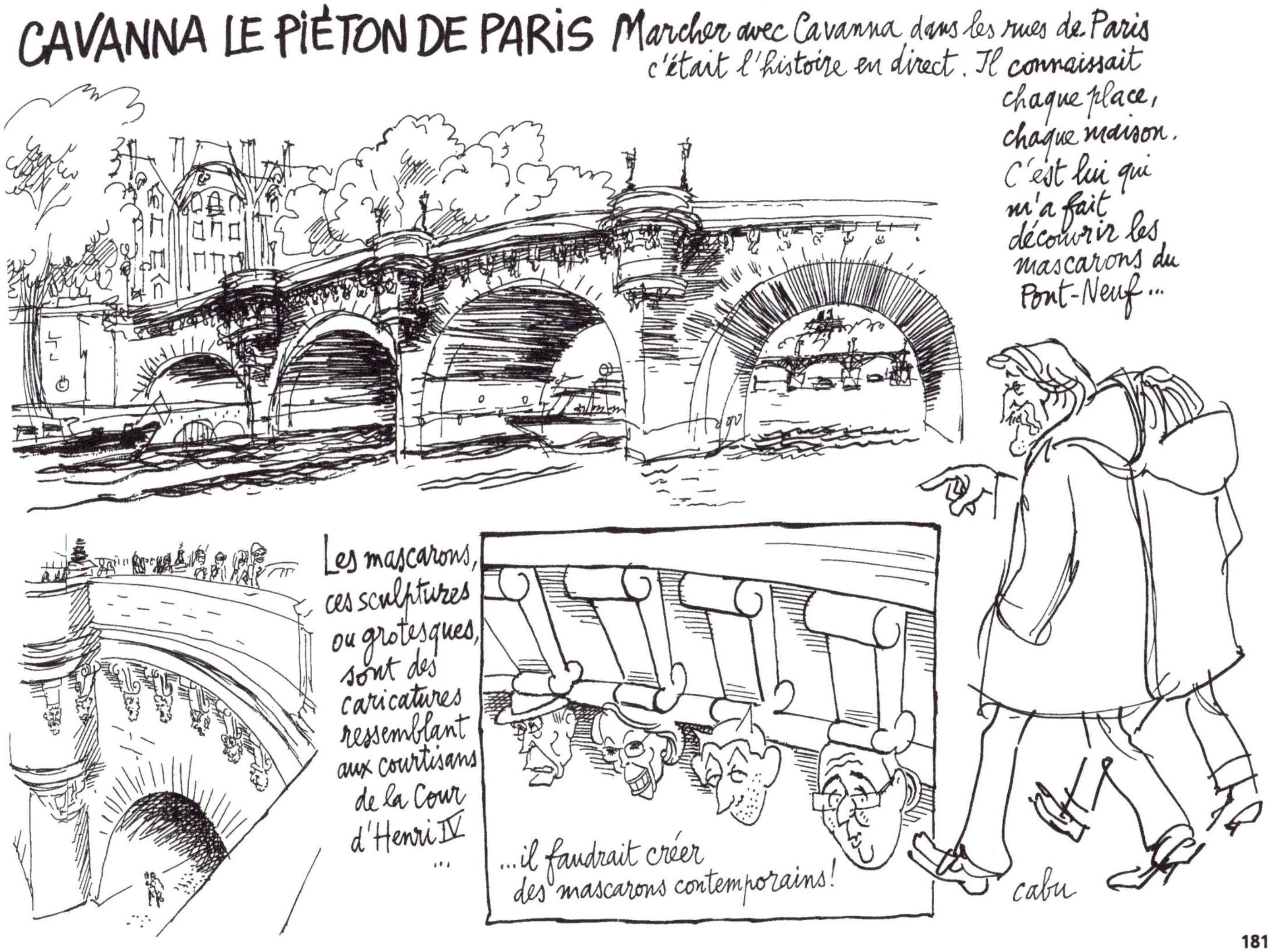
CAVANNA LE PIÉTON DE PARIS
Marcher avec Cavanna dans les rues de Paris c'était l'histoire en direct. Il connaissait chaque place, chaque maison. C'est lui qui m'a fait découvrir les mascarons du Pont-Neuf...
Les mascarons, ces sculptures ou grotesques, sont des caricatures ressemblant aux courtisans de la Cour d'Henri IV ...
...il faudrait créer des mascarons contemporains !
cabu

JE SUIS BIEN CONTENT D'ÊTRE CLAQUÉ POUR PAS VOIR CES DESSINS DE MERDE!
CHARB.

Déjà parus aux Échappés

Plus belle la crise !, 2009

Élevons le débat, 2010

Bon débarras !, 2011

Que du bonheur !, 2012

Marasme pour tous, 2013

Charlie Hebdo, les 1 000 unes, 2011

Charlie Hebdo, les 20 ans, 2012

Charlie Hebdo, les Unes 1969-1981, 2014

LA FOLIE DU "ICE BUCKET CHALLENGE" pour la recherche sur la maladie de Charcot
MOI, J'AI MÊME DROIT À UN BAQUET DE MERDE !
cabu